Maurício Oliveira

Pelé
O rei visto de perto

© 2023 - Maurício Oliveira
Direitos em língua portuguesa para o Brasil:
Matrix Editora
www.matrixeditora.com.br
/MatrixEditora | @matrixeditora | /matrixeditora

Diretor editorial
Paulo Tadeu

Capa, projeto gráfico e diagramação
Marcelo Correia da Silva

Revisão
Adriana Wrege
Silvia Parollo

Créditos das fotos
Capa – Bruno Santos/Folhapress
Pág. 1 - Catwalker - Shutterstock.com
Págs. 6 e 7; 82 e 83; 148 e 149 – Shutterstock
Págs. 8 a 11; 150 a 157 – Reproduções
Págs. 12 e 13 - Nelson Antoine - Shutterstock.com
Págs. 18 e 19 - Acervo Última Hora/Folhapress
Págs. 142 e 143 – Arquivo - Agência O Globo
Págs. 158 e 159 – Adobe Stock - Dieter Holstein

Dados Internacionais de Catalogação na Publicação (CIP)
(BENITEZ Catalogação Ass. Editorial, MS, Brasil)

Oliveira, Maurício
Pelé, o rei visto de perto / Maurício Oliveira. - 1. ed. - São Paulo: Matrix, 2023.
160 p.; 23 cm.

ISBN 978-65-5616-318-5

1. Futebol – História – Brasil. 2. Jogadores de futebol – Biografia. 3. Nascimento, Edson Arantes do Nascimento, 1940-2022. I. Título.

01-2023/71   CDD: 927.963340981

Índice para catálogo sistemático:
1. Brasil : Jogadores de futebol : Biografia 927.963340981
Bibliotecária: Aline Graziele Benitez CRB-1/3129

Sumário

Prefácio 13
O rei visto de perto 19
Pelé por ele mesmo 83
Epílogo 143
O mundo chora Pelé 149

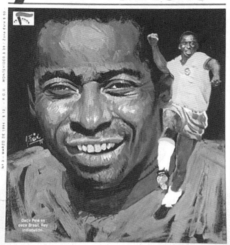

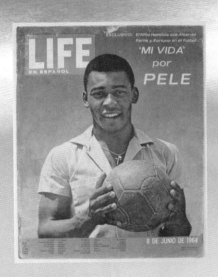

Dedico este livro à memória de Edson Arantes do Nascimento e a todos os jogadores que contribuíram – antes, durante e depois de Pelé – para consolidar o futebol brasileiro como o mais vitorioso e admirado do planeta. É justo que o Rei seja sempre reconhecido e reverenciado pela torcida e pelos atletas como o grande responsável para que isso ocorresse.

Este é um livro para ser lido com uma trilha sonora ao fundo: a versão instrumental de *Na Cadência do Samba (Que Bonito É)*, tema do *Canal 100*, cinejornal exibido nos cinemas com imagens fantásticas dos jogos de futebol. Pelé foi, claro, protagonista de inúmeras edições.

PREFÁCIO

Pelé,
meu herói

Por Clodoaldo

No dia 29 de dezembro de 2022, o mundo perdeu Pelé. Eu perdi um amigo, um irmão, um ídolo, um herói. Mais do que o prazer de ter jogado ao lado desse grande gênio do futebol por oito anos, tanto no Santos quanto na seleção, o maior orgulho que carrego é que continuamos próximos depois da carreira como atletas.

Quem eu sempre admirei, na verdade, foi o Edson. Que a gente às vezes chamava de Dico, o apelido de infância. Era muito bom conhecer o homem por trás do mito. Pelé era apenas a parte dele que o mundo inteiro conhecia. Mas eu tive o privilégio de conhecer também o Edson, e posso afirmar: era um cara fantástico.

São tantas as boas lembranças, há tanto de positivo a falar sobre ele, que fico até com receio de não fazer justiça. Acho que fica mais fácil começar pelo começo. Quando o Brasil foi campeão do mundo em 1958, eu era um garoto de nove anos que morava em Santos. A festa pelo título da seleção foi enorme na cidade. E tudo isso se repetiria várias vezes ao longo dos anos seguintes, nos vários campeonatos conquistados pelo Santos e pela seleção. Eu vivia uma infância difícil, trabalhando desde cedo, mas crescia em meio a essa festa permanente, que me ajudava a ter a esperança de um futuro melhor. Graças ao futebol e, claro, graças a ele: Pelé.

Comecei a jogar no futebol amador da cidade e fui levado para as categorias de base do Santos. Passei a morar no alojamento da Vila Belmiro. Estava sempre por lá e vez ou outra via o Pelé passando ao longe para ir treinar ou em direção ao refeitório. Naquela época, era tudo muito separado. A gente não chegava perto das estrelas do time. Um dia, ousei um pouquinho e me aproximei do refeitório. Abri uma porta e adivinha com quem eu dei de cara, chegando na mesma porta, só que do outro lado.

Eu não sabia o que fazer. Meu primeiro impulso foi fechar a porta rapidamente, como se tivesse sido flagrado fazendo algo muito errado. Mas o Pelé estava vindo e eu não podia bater a porta na cara dele! Devo ter feito uma expressão estranha, um misto de emoção e pânico. Ele sabia bem o efeito que provocava nas pessoas, então tratou de me acalmar. "E aí, moleque? Tudo bem? Quer uma maçã?" E me ofereceu a fruta que estava carregando.

Sabe o que é mais incrível? É que ao longo de todo o nosso tempo juntos como jogadores, todas as nossas viagens, eu vi inúmeras vezes o Pelé tratando as pessoas com a mesma gentileza com que ele me tratou naquele dia. Às vezes estávamos atrasados, cansados, na correria, o voo quase saindo, e ele pedia sempre mais um tempinho para dar atenção a quem esperava por um autógrafo ou uma foto. Era incrível aquela paciência toda. Mais que paciência, era respeito pelas pessoas.

Quando estreei no Santos, em 1966, o Pelé sempre me ajudou com orientações e dicas. Numa das minhas primeiras partidas, ele ficou me dizendo: "Tá demorando!" Eu não entendi muito bem e depois fui perguntar o que ele queria dizer com aquilo. Ele me explicou que eu precisava ser mais ágil no processo entre receber e passar a bola. Tinha que ficar sempre atento, acompanhando o posicionamento dos outros jogadores. Assim eu já saberia o que fazer com a bola quando ela chegasse.

Aquele conselho me levou a um grande aprimoramento como jogador. Passei a exercitar o que Pelé havia me dito. Certa vez, num jogo contra a Portuguesa no Pacaembu, recebi uma bola e lancei imediatamente pra ele, que matou no peito e fez o gol. Quando ele veio comemorar comigo, perguntei: "E aí, gostou?". Acho que ele não queria deixar o novato convencido e respondeu: "É, tá melhorando". Mas o Pelé gostava de elogiar quando um colega do time ia bem. Ouvir do Pelé "hoje você arrebentou" deixava o dia de qualquer um mais feliz.

Tive o privilégio de participar de vários momentos marcantes da carreira dele, como o Gol 1.000. Fui eu que lancei a bola que ele dominou dentro da área e sofreu o pênalti em seguida. Às vezes eu brincava que ele me devia essa, que tinha que me pagar um jantar ou alguma coisa, e ele respondia: "Já tá pago, Corró, entrou pra história!"

A Copa de 70 foi o auge da carreira dele, o momento mais brilhante de um jogador de futebol em todos os tempos. Ele foi perfeito em tudo, em todos os fundamentos. Fez gols, assistências, cabeceou, chutou com as duas pernas, bateu falta. Teve também os famosos gols que ele não fez. E até uma cotoveladinha que ele soube esconder do juiz...

O Pelé era um gênio, mas sabia a importância da equipe. Sempre foi um jogador de grupo. Nunca teve postura de estrela. Na Copa, quando eu fiz o gol de empate do Brasil contra o Uruguai na semifinal, início da nossa virada para 3 a 1, foi muito importante para o time. Estava no finalzinho do primeiro tempo e eu aproveitei muito bem um lançamento do Tostão. Virar em desvantagem seria ruim, ainda mais porque havia aquele fantasma da final da Copa de 1950 contra o mesmo Uruguai. O Pelé sempre reconheceu a importância daquele gol.

No ônibus a caminho da final da Copa, ele teve uma crise de choro. Tentou esconder dos companheiros, talvez por achar que pudesse ser de alguma forma negativo. Eu fui um dos poucos que perceberam, e não achei que aquilo poderia ser negativo. Ao contrário. Foi a coisa mais linda ver o Pelé se emocionar, o quanto desejava aquele título para alegrar um povo tão sofrido como o brasileiro.

Pra mim, aquela cena foi um símbolo da simplicidade e da humildade dele. Algumas vezes, ao longo da vida, eu disse pra ele o quanto o amava e perguntei se ele tinha noção de tudo o que ele havia feito, se ele sabia o tamanho imenso que tinha para o mundo, do quanto tinha contribuído para a imagem do Brasil. Ele só respondia assim: "Ô, rapaz, para com isso!"

Sinto muita falta do meu amigo e do meu herói, e continuarei me lembrando dele todos os dias. As homenagens nunca serão suficientes para honrar o que Pelé fez pelo Brasil e para cada brasileiro. Espero que o exemplo dele continue sempre como inspiração para demonstrar do que somos capazes.

Nascido em 1949, Clodoaldo Tavares de Santana começou nas categorias de base do Santos. Volante habilidoso, eficiente tanto na defesa quanto no apoio ao ataque, tornou-se substituto de Zito, um dos ícones da equipe santista multicampeã da década de 1960. Herdeiro da camisa 5, fez 512 partidas pelo Santos – é o sétimo jogador que mais defendeu o clube – e 51 pela Seleção Brasileira, sendo titular no tricampeonato, em 1970.

O rei
visto de perto

"Pro Pelé todo mundo manda abraço, mas pro Edson ninguém manda."

> Assim que Pelé desligou o celular e me olhou com expressão de aborrecimento, passamos a conversar sobre o desafio de educar filhos adolescentes.

Joshua, o dele, e Lauro, o meu, tinham mais ou menos a mesma idade, entre 15 e 16 anos. Joshua acabara de ligar da escola contando que um professor havia faltado e pedia autorização para visitar um colega pelo resto da tarde.

– Não, Joshua. Vai pra casa. E não adianta insistir. Você sabe que não é não. Agora dá licença que estou ocupado. Tchau.

Como se tratava do meu terceiro encontro com Pelé, eu havia de certa forma abstraído o fato de que aquele senhor sentado ao meu lado era uma das personalidades mais conhecidas do planeta. Estava, assim, à vontade para captar detalhes curiosos. Um deles foi que, bem à moda antiga, Joshua pediu a bênção assim que o pai atendeu. Outro dizia respeito ao modelo ultrapassado do celular de Pelé, sem a tecnologia *touch screen*, já bastante disseminada àquela altura – a cena se passa em 2013.

Eu cumpria a missão de produzir os textos de um projeto editorial que envolvia entrevistas com Pelé e com várias outras pessoas ligadas à trajetória do Rei do Futebol, autor de 1.283 gols ao longo das duas décadas de carreira, entre 1956 e 1977. Com a camisa do Santos, foram nada menos que 1.091 gols. Ele também é o maior artilheiro da Seleção Brasileira, tendo balançado as redes 91 vezes com a amarelinha. Completou a contagem com 66 gols pelo Cosmos e 35 por outras equipes e seleções.

Como participou de 1.375 partidas, Pelé encerrou a carreira com a média espetacular de 0,93 gol por jogo. Com um detalhe: durante quase quinze anos, entre 19 de outubro de 1958 (quando fez o 124º gol em sua 124ª partida) e 22 de julho de 1973 (ao sair do seu 1.180º jogo com 1.180 gols marcados), ele manteve a média acima de um gol por partida. O ritmo só diminuiu um pouco nos anos finais da carreira.

As entrevistas que fiz com Pelé ajudaram a embasar a minha tarefa naquela ocasião. Restaram, contudo, trechos inéditos. Com a morte de Pelé, no dia 29 de dezembro de 2022, considerei que tinha a obrigação histórica de tornar esse material público, dada a importância do personagem. O livro que você tem em mãos é um relato panorâmico da trajetória do Rei, acrescido de impressões e lembranças pessoais dos contatos que eu tive com ele.

Ao mergulhar nas pesquisas sobre a vida do Rei, foi fácil perceber o manancial riquíssimo de histórias curiosas e fascinantes. Um exemplo é Zaluar, o goleiro que levou o primeiro gol profissional de Pelé, no dia 7 de setembro de 1956. Zaluar jogava no Corinthians de Santo André, e, naquele amistoso que celebrava o Dia da Independência, o técnico do Santos, Lula, decidiu dar a primeira oportunidade ao rapazinho de 15 anos que havia chegado de Bauru no mês anterior.

O Santos já goleava por 5 a 0, e, mal entrou no lugar de Del Vecchio, Pelé surgiu feito um raio diante de Zaluar e chutou a bola por baixo das pernas do goleiro. Mais tarde, já tendo abandonado a carreira esportiva e com Pelé consagrado, Zaluar mandou imprimir um cartão que o identificava como "corretor de imóveis e goleiro do primeiro gol de Pelé".

No período em que eu estava fazendo as entrevistas, estive em Santos e fui à barbearia do Didi, o histórico barbeiro do Rei, para obter um dos depoimentos essenciais. Era uma manhã comum, dia de semana. Então aconteceu algo mágico: chegando lá, quem estava sentado na cadeira de Didi, cortando o cabelo, era ninguém menos que Pepe, o "Canhão da Vila", segundo maior artilheiro da história do Santos. "E primeiro entre os terráqueos, porque o Pelé não é deste planeta", Pepe sempre fez questão de brincar.

Além da oportunidade de conversar com outro nome fundamental da minha lista de entrevistados, a cena teve uma simbologia muito maior do que a mera coincidência. Pepe me contou que era justamente ali que ele estava, cortando o cabelo com o jovem Didi, 56 anos antes, quando um certo menino franzino chegou de Bauru e se apresentou. "Ele apertou firme a minha mão e pensei: pelo menos personalidade esse garoto tem!", lembrou Pepe, que já era um jogador famoso aos 21 anos.

Pelé vestia um terno azul-marinho feito por dona Celeste e confessou aos novos amigos que estava usando calça comprida pela primeira vez. Contou, também, que tinha se instalado na pensão da dona Georgina, esposa do Raimundão, massagista do Santos, onde ele moraria pelos seis anos seguintes.

O rapazinho cortou o cabelo depois de Pepe e pediu um topete, para ficar parecido com o pai. "Acho que o corte ficou do jeito que ele imaginava, porque nunca mais me largou", brincou Didi. Diante de tantas coincidências, é claro que não perdi a oportunidade de me sentar na cadeira logo depois de Pepe e sair dali com um corte assinado pelo barbeiro do Rei do Futebol.

Edson foi o primogênito da união de João Ramos do Nascimento, o Dondinho, com Maria Celeste Arantes, a dona Celeste. Dondinho era jogador de futebol, mas, prejudicado por uma lesão crônica no joelho, nunca conseguiu chegar a um clube grande. O casal se conheceu quando ele jogava no Atlético de Três Corações, cidade do sul de Minas Gerais onde o menino nasceu. O casamento aconteceu após um ano de namoro e o primeiro filho chegou quando Celeste tinha 18 anos. Apelidado de Dico em casa, Edson ganharia dois irmãos: Jair, o Zoca, dois anos depois, e Maria Lúcia, quatro anos mais jovem.

Quando Edson tinha 4 anos, o pai aceitou proposta para defender o Vasco da Gama de São Lourenço (MG), a 90 quilômetros de Três Corações. O goleiro do time era Bilé, que acabou dando origem ao apelido Pelé. Nas peladas da molecada, muitas vezes Edson jogava no gol. Era hábito que cada menino escolhesse o seu jogador preferido para "incorporar" durante a brincadeira – "eu sou o Zizinho", "eu sou o Jair Rosa Pinto", e assim por diante.

O filho de Dondinho mencionava o goleiro que jogava com o pai, mas os outros meninos não entendiam muito bem aquele nome e começaram a chamá-lo de Pelé, possivelmente influenciados pelo termo "peleja", muito usado na época e amplamente difundido por rádios e jornais como sinônimo de jogo de futebol. Ele não gostou, e, como costuma acontecer, por isso mesmo é que o apelido pegou.

Depois de um ano jogando pelo Vasco da Gama de São Lourenço, Dondinho foi contratado pelo Lusitana, time de Bauru, que logo trocaria o nome para Bauru Atlético Clube, conhecido como BAC. O grande feito de Dondinho na carreira, até então, era ter marcado cinco gols de cabeça numa mesma partida – a proeza ocorrera em 1938, em Itajubá (MG), na final do campeonato da cidade. Dondinho defendia o Yuracan, que naquela ocasião venceu o Smart por 6 a 2.

Esse episódio se transformou em símbolo da devoção de Pelé ao pai. Ele repetiria muitas vezes, ao longo da vida, que o único recorde que não conseguiu alcançar no futebol foi marcar cinco gols de cabeça no mesmo jogo, como Dondinho. Era a forma que ele encontrava para dizer que o pai também havia sido um jogador excepcional, que só não chegou a um grande clube por culpa das contusões.

Quando estava em Três Corações, seis meses antes do nascimento de Pelé, Dondinho foi chamado para um teste no Atlético Mineiro, um dos maiores clubes do país. No entanto, ele machucou o joelho durante o teste – um amistoso contra o São Cristóvão, do Rio de Janeiro. Com isso, foi dispensado. Dondinho nunca se recuperou plenamente da contusão, o que o obrigaria a jogar no sacrifício pelos dez anos seguintes.

O maior atrativo da proposta feita pelo Lusitana a Dondinho era a oferta de um emprego público em Bauru. Ele foi contratado pelo Departamento de Saúde da cidade como uma espécie de faz-tudo, incluindo limpeza. Habituada à irregularidade dos rendimentos proporcionados pelo futebol, Celeste ficou aliviada com a certeza de um salário fixo para o marido, ainda que baixo. Nos primeiros tempos em Bauru, eles ocuparam a metade de uma casa, cujo aluguel era dividido com outra família. Havia uma grande mangueira no quintal, fruta que Edson considerou a sua preferida pelo resto da vida.

Em Bauru, Dondinho viveria o melhor momento da carreira, ao conquistar o Campeonato Paulista Amador do Interior de 1946. Na final, já com o novo nome, o BAC venceu o Cruzeiro, da cidade de mesmo nome, por 4 a 1. O campeonato reuniu nada menos que 145 equipes, divididas na primeira fase em sete regiões. Foi um grande feito para Bauru, e certamente as lembranças das comemorações contribuíram para a sensação do pequeno Edson de já conviver com a fama desde muito cedo por ser filho de Dondinho.

Naqueles anos da infância, um dos lugares que o menino mais gostava de visitar era o Aeroclube de Bauru, fundado alguns anos antes com o propósito de formar pilotos. Ele adorava ver os aviões e os planadores decolando e pousando. Começou a alimentar o sonho de se tornar aviador, pretensão que chegou a ser incentivada pela mãe, que gostaria de vê-lo longe das dificuldades que o futebol impunha a Dondinho. No entanto, quando testemunhou no Aeroclube um acidente em que o piloto morreu, Edson desistiu da ideia.

Mais ou menos nessa mesma época, ele viveu outro susto: quase se afogou no Banheirão, apelido de um açude de Bauru onde a criançada ia tomar banho, quase sempre sem o consentimento dos pais. Um homem que estava passando ouviu a gritaria e ajudou a resgatar o garoto, com a ajuda de um galho. Esse herói anônimo não apenas salvou uma criança como preservou um futuro patrimônio nacional.

Por mais que as boas histórias surgissem de todos os lados, ninguém seria uma fonte melhor que o próprio Pelé. No entanto, agendar os encontros não era fácil. O secretário pessoal do Rei, José Fornos, conhecido como Pepito, tentava conciliar os inúmeros compromissos de sua agenda.

Na primeira vez que consegui efetivamente marcar um horário, fui a Santos com a expectativa de conversar com Pelé após a gravação de um comercial para a Volkswagen. Acompanhei toda aquela movimentação, que envolvia uma grande estrutura, incluindo dezenas de profissionais e muitos figurantes. Pelé tinha uma fala num cenário que simulava a tribuna de honra de um estádio de futebol, com supostos líderes de governo e sheiks ao redor dele. O diretor considerou que era prudente produzir vários *takes,* e a programação atrasou.

Naquele dia, não consegui nada além de me apresentar a Pelé. Foi uma rápida conversa depois de um aperto de mãos, no momento em que ele caminhava para o camarim, cercado de pessoas, ao final das gravações.

Imagino que eu tenha disfarçado bem o deslumbramento. Aos 40 anos, eu já era um jornalista experiente. Havia entrevistado ícones que admirava muito, como o sociólogo Herbert de Souza, o Betinho, e a atriz Fernanda Montenegro. Mas estar frente a frente com Pelé pela primeira vez era diferente de tudo. Confesso que nunca a presença de outro ser humano havia me impactado tanto quanto a dele.

Ele gentilmente se desculpou por não me atender naquele momento, como estava combinado. Acrescentou que seria um prazer conversar com calma, em outra hora. Marcamos para algum tempo depois, no apartamento dele, em São Paulo. Havia outras pessoas à mesa, no entanto, e a conversa se dispersava facilmente. Pepito não estava sentado conosco, mas aparecia de vez em quando, apontando para o relógio no pulso e dizendo que "o taxímetro estava ligado". Até que interrompeu em definitivo o encontro, para anunciar que o alfaiate de uma famosa grife italiana chegara para tirar as medidas dos ternos de Pelé.

Havia transcorrido pouco mais de uma hora – tempo em que, prejudicado pelas interferências, eu mal havia conseguido respostas para dez das quase cem perguntas que estavam na minha pauta. Eram questões que eu considerava obrigatórias, e de maneira alguma desistiria delas. Segui na batalha pela continuidade da conversa, até que surgiu a ocasião perfeita: uma tarde inteira reservada para a entrevista, disponibilidade raríssima na agenda dele.

Eu tinha várias curiosidades, dos mais diversos tipos. Por exemplo, ele chegou a conhecer os Beatles, outro ícone global da década de 1960? A resposta suscitaria uma história deliciosa sobre um inesperado encontro com John Lennon numa escola de idiomas em Nova York. Certamente era o tipo de lembrança que não afloraria espontaneamente, sem uma pergunta específica.

Outra vertente eram as informações que haviam sido passadas por entrevistados e que eu gostaria de comentar, confirmar ou esclarecer diretamente com Pelé. Um caso simbólico: Clodoaldo, companheiro no Santos e titular da seleção tricampeã na Copa de 1970, havia me contado que Pelé teve uma crise de choro dentro do ônibus a caminho da final contra a Itália. Era uma história conhecida por poucos. Só Clodoaldo e outros dois ou três companheiros que estavam próximos perceberam. Eu precisava checar com Pelé e pegar mais informações a respeito.

Fiquei quatro horas conversando com Pelé no escritório dele em Santos, praticamente sem interferências. Como eu já havia feito pesquisas por alguns meses e entrevistado diversas fontes, estava pronto para abordar os pontos que considerava cruciais.

Nos dias que antecederam minha viagem para essa entrevista, várias pessoas – familiares, amigos, colegas – me pediram a mesma coisa: "Manda meu abraço pro Pelé". Era como se ele fosse íntimo de cada um. Mais inusitado ainda foi quando o motorista contratado para me levar de São Paulo a Santos disse, ao tomar conhecimento do que eu estava indo fazer, que era amigo de Biro-Biro, folclórico ex-jogador do Corinthians. Ele ligou na hora para Biro-Biro, acionou o viva-voz e contou que estava levando um jornalista para entrevistar o Pelé. Adivinhe o que o Biro-Biro me pediu: "Manda meu abraço pro Rei!".

A primeira coisa que fiz ao encontrar Pelé foi transmitir esses recados. Eu disse que, quando as pessoas sabiam que eu iria encontrá-lo, sempre mandavam um abraço pro Pelé. "Não me pergunte como, mas até o Biro-Biro!", completei, sorrindo. A resposta dele, em tom melancólico, me surpreendeu:

– Pois é. Pro Pelé todo mundo manda abraço, mas pro Edson ninguém manda.

Evidenciava-se, assim, a faceta dramática da célebre cisão de si mesmo em duas *personas*, quase sempre vista pelo lado cômico: o pacato Edson, um homem comum, que adora mostrar fotos dos seus cachorros e cozinhar frutos do mar para os amigos, tinha ciúme e até mesmo carregava certa mágoa de Pelé – o bem-sucedido, o famoso, o centro das atenções.

Eu sairia daquela conversa convencido de que falar de Pelé na terceira pessoa era uma manifestação de humildade. Isso contrariava o senso comum, que confundia tal hábito com soberba. Entendi que foi a forma que Edson encontrou, desde cedo, para lidar com a grandeza do que estava acontecendo. Tratava-se de uma influência direta dos ensinamentos do pai.

– Meu pai sempre me dizia: o que você ganhou, o dom do futebol, foi um presente de Deus, então você tem que trabalhar em cima disso, tem que respeitar as pessoas – enfatizou Pelé. – Aí, sim, você vai ser um grande jogador. Não fica botando banca, não, tirando sarro dos meninos, porque isso aí você ganhou de Deus.

Dondinho foi uma forte influência para o comportamento de Pelé dentro e fora dos gramados. Jamais se ouviu falar que o Rei do Futebol tenha desprezado ou maltratado um fã. Nas fotos produzidas por jornais e revistas ao longo de toda a sua trajetória, eram frequentes as cenas em que ele aparecia em meio ao povão, completamente à vontade entre manifestações calorosas de afeto.

Foi também graças a um conselho de Dondinho que Pelé se livrou de um hábito que certamente seria prejudicial à carreira como atleta: o cigarro. Ele chegou a experimentar o fumo em rodas de amigos, como era comum entre a juventude da época.

– Meu pai ficou sabendo disso e não me deu bronca, só me disse assim: "Se você quer ser um atleta, não pode fumar. Uma coisa não combina com a outra. Você precisa escolher qual caminho quer seguir". Desse dia em diante, nunca mais coloquei um cigarro na boca – lembrou Pelé.

Combinação perfeita entre talento e empenho, entre técnica apurada e capacidade de improviso, pode-se dizer que Pelé fundia traços de personalidade do pai e da mãe. Dondinho era mais céu – pouco dado a rigores de qualquer tipo, preocupava-se apenas em se vestir com elegância, sempre com terno de linho e chapéu. Já Celeste, apesar do nome, mantinha os dois pés bem firmes no chão. Exigia que a família fosse junta à missa todo domingo e que os horários das refeições fossem rigorosamente cumpridos.

Ao mergulhar no dia a dia da carreira de Pelé, jogo após jogo, fui percebendo em detalhes ainda mais impressionantes a dimensão dos seus feitos. Um exemplo: em 1961, ele marcou 23 gols numa sequência de seis jogos disputados em apenas 19 dias. Foram cinco na goleada de 8 a 0 num amistoso com o Olímpico, de Blumenau (SC), e os demais pelo Campeonato Paulista: quatro no 6 a 3 sobre o São Paulo, cinco dos 10 a 1 sobre o Juventus, um no 3 a 0 sobre o Botafogo de Ribeirão Preto, quatro no 5 a 1 contra a Esportiva de Guaratinguetá e mais quatro no 6 a 1 impostos à Portuguesa de Desportos.

Em sete ocasiões, Pelé conseguiu completar sequências de dez jogos marcando gols em todos. Para outros jogadores, alcançar essa façanha uma única vez já seria memorável. E vinte jogos seguidos fazendo gols, então? O Rei chegou lá em 7 de novembro de 1962, ao anotar um gol contra o Juventus na vitória por 3 a 0. Iniciada quase três meses antes, a sequência teve 36 gols de Pelé e incluiu confrontos muito difíceis, como a final da Libertadores contra o Peñarol, as duas partidas contra o Benfica pelo Mundial de Clubes e clássicos contra os três grandes de São Paulo – Palmeiras, Corinthians e São Paulo – pelo Campeonato Paulista.

Dos 1.375 jogos que fez ao longo da carreira, Pelé balançou as redes em 811 – ou seja, em 59% deles. Em 309 partidas (22% do total), fez mais de um gol. Para jogadores comuns, fazer três gols na mesma partida é um feito raríssimo, que hoje dá até direito a pedir música nos *Gols do Fantástico*. No caso de Pelé, possivelmente faltaria repertório. Ele fez três gols ou mais na mesma partida em 127 ocasiões: foram 89 vezes com três gols, 31 vezes com quatro gols, seis vezes com cinco gols e uma vez com oito gols – contra o Botafogo de Ribeirão Preto, que levou 11 a 0, em 1964.

Essa foi, aliás, uma das oito vezes em que Pelé viu seu time alcançar uma vitória de dois dígitos – algo que, de tão raro até então, nem sequer estava previsto na maioria dos placares manuais espalhados pelos estádios do Brasil. Com Pelé em campo, as equipes que defendeu fizeram quatro gols ou mais em 426 ocasiões. Ou seja, de cada três partidas que o Rei jogou, uma terminou com seu time fazendo pelo menos quatro gols.

Pelé sempre participava intensamente dos lances de ataque, tanto para finalizar quanto para colocar os companheiros de time em condições de fazer o gol. Muitas vezes, o espaço para os outros jogadores se abria porque ele chamava a atenção de todo o sistema defensivo do time adversário. Era um dilema permanente para os zagueiros: por mais que a marcação fosse atenta, ele conseguia tirar jogadas geniais da cartola.

O número de assistências que Pelé fez ao longo da carreira certamente ficou muito acima dos 1.283 gols assinalados. Parte da genialidade do Rei era a capacidade de avaliar, em frações de segundo, se as chances de gol seriam maiores com ele próprio dando sequência à jogada ou passando a bola para alguém.

– Dar o último passe é tão importante, ou às vezes até mais importante do que fazer o gol – considerava Pelé.

Tornou-se comum a prática, amplamente adotada pelos técnicos adversários, de escolher um zagueiro específico para persegui-lo ao longo de toda a partida. "Gruda no Pelé!", diziam. Alguns zagueiros levavam tão a sério a missão que simplesmente esqueciam de tudo o mais que estava acontecendo em campo. Dizem que, certa vez, o Rei precisou trocar as chuteiras à beira do campo e o marcador permaneceu ao lado dele, em pé, esperando que a operação fosse concluída.

Quando estava em campo, o craque jamais se acomodava. "Uma das características mais marcantes do Pelé é que ele nunca se escondia em campo. Adorava jogar bola. Era verdadeiramente fanático por futebol, sentia o futebol nas veias, participava o tempo todo do jogo. Parecia ser uma questão de instinto, de sobrevivência", me disse o jornalista Orlando Duarte, que cobriu muitas Copas e foi, possivelmente, uma das pessoas que mais viram Pelé jogar. "Não importava o adversário ou o placar. Podia estar ganhando de goleada, e ainda assim corria para a lateral, para o meio, para a área, pedia bola, cabeceava, chutava, tabelava, orientava o time."

Sensação semelhante era compartilhada pelos companheiros em campo, que testemunhavam bem de perto toda a genialidade do Rei. "A sensação que eu tinha jogando ao lado do Pelé é que ele funcionava em outra rotação. Estava sempre uns três segundos à frente dos outros. Quando a bola vinha, ele já sabia o que ia fazer. Nós mesmos, ali dentro do campo, ficávamos muitas vezes boquiabertos", descreveu o ex-ponta-esquerda Edu.

A era Pelé traria alegrias intensas para os torcedores do Santos e sofrimento para os torcedores dos grandes clubes de São Paulo. O garoto-prodígio saiu vitorioso e fez gol nos jogos de estreia contra os três rivais. Na primeira atuação de Pelé contra o Corinthians, em 11 de abril de 1957, vitória do Santos por 5 a 3 na Vila Belmiro, com um gol dele. O Rei balançaria as redes 50 vezes nos 48 jogos disputados contra o Corinthians, clube contra o qual mais fez gols na carreira. Diante do São Paulo, a estreia foi no Torneio Rio-São Paulo de 1957. Pelé fez um dos gols da vitória santista por 3 a 1. Seriam 30 gols em 48 partidas contra o Tricolor.

A estreia de Pelé contra o Palmeiras, pelo mesmo Rio-São Paulo, terminou em 3 a 0 para o Santos, com dois gols dele – os primeiros dos 32 que faria em 57 confrontos contra esse adversário. O Verdão seria, no entanto, o único time que ainda conseguiria rivalizar com o Santos em alguns momentos. Dos doze campeonatos paulistas disputados no auge da era Pelé, entre 1958 e 1969, o Santos conquistou nove e o Palmeiras ficou com três, em 1959, 1963 e 1966. Não por acaso, são conquistas especialmente celebradas na história de muitos títulos do Palmeiras.

Houve um confronto que ficou marcado com destaque nos clássicos entre Santos e Palmeiras. As duas equipes protagonizaram, no Estádio do Pacaembu, uma partida que é, até hoje, frequentemente evocada como o maior jogo de futebol de todos os tempos. Pelo Torneio Rio-São Paulo de 1958, poucos meses antes da Copa que revelaria o jovem Pelé para o mundo, o placar terminou em incríveis 7 a 6 para o Santos.

Pelé fez o primeiro gol do Santos, e a etapa inicial terminou em 5 a 2 para a equipe. Parecia uma vitória sem sobressaltos, mas o Palmeiras buscou uma virada espetacular: chegou a 6 a 5 aos 34 minutos do segundo tempo. O Santos, no entanto, ainda teve fôlego para uma nova virada, com dois gols de Pepe. Nos dias seguintes à memorável partida, os jornais registraram que quatro torcedores haviam morrido de ataque cardíaco em meio a tantas emoções – um no estádio e três ouvindo o jogo pelo rádio.

No ano seguinte, as duas equipes fizeram outro jogo parecido, pelo Campeonato Paulista: dessa vez o resultado foi 7 a 3 para o Santos, com três gols de Pelé. Esses confrontos inesquecíveis originaram o epíteto "Clássico da Saudade", para definir os encontros entre Santos e Palmeiras – os dois clubes que, hoje, detêm a maior quantidade de títulos nacionais (o Palmeiras venceu 11 vezes, e o Santos, oito).

A sensação era de que Pelé havia nascido pronto para se tornar um grande astro do futebol. Além do inegável talento natural, entretanto, havia também muita dedicação, impulsionada pelo prazer autêntico que ele sentia cada vez que entrava em campo. Esse sentimento, do garoto que se divertia correndo atrás da bola, permaneceria com ele ao longo de toda a carreira.

Ainda pequeno, em Bauru, Edson criou um time que reunia os meninos da vizinhança, o Sete de Setembro. Mobilizou a turma para arrecadar o dinheiro necessário para comprar uniformes e uma bola. Além de vender amendoim na estação de trem, ele passou a engraxar sapatos com esse objetivo.

Os ares de predestinação foram reforçados por uma promessa feita ao pai em meio à tristeza nacional pela perda da Copa de 1950. Depois da inesperada derrota da Seleção Brasileira para o Uruguai, em pleno Maracanã, o garoto de 9 anos disse a Dondinho, ao vê-lo chorando pela primeira e única vez na vida, que seria campeão de uma Copa do Mundo.

Em 1953, quando o menino tinha 12 anos, o BAC, clube em que Dondinho jogava, contratou como técnico o ex-jogador Waldemar de Brito, que tinha sido atacante da Seleção Brasileira na Copa de 1934.

Logo que chegou, Brito organizou a estrutura mínima necessária para preparar os jovens jogadores locais. Sabia que era importante não depender tanto da contratação de atletas já formados.

O infantojuvenil do BAC ganhou o apelido de Baquinho, e o filho de Dondinho, embora fosse o menor de todos na equipe, logo se tornou a estrela do time, vestindo a camisa 8. Naquela época, não era ainda prática comum que o craque vestisse a 10, justamente porque essa tradição só se estabeleceria a partir de Pelé.

Na minha passagem por Bauru, conversei com o jornalista Luciano Nunes Pires, testemunha ocular de tudo isso. Ele lembrou como o surgimento do menino-prodígio interferiu na rivalidade entre o BAC e o outro clube da cidade, o Noroeste. "Correram boatos de que o filho do Dondinho estava barbarizando nas peladas. Fui lá ver. E constatei que o garoto jogava muito mesmo", contou Pires.

"Eu era noroestino roxo, e os noroestinos não iam ao estádio do BAC, e vice-versa, a não ser em dia de clássico", continuou o jornalista. "Mas eu comecei a ir ao estádio do BAC apenas pra ver o Pelé nas preliminares, jogando pelo Baquinho. Era sempre um espetáculo. Tudo que ele fez mais tarde, como profissional, já fazia naquela época entre a garotada."

Nas 33 partidas que disputou pela Liga Bauruense Infantojuvenil de 1954 e em alguns amistosos ao longo do ano, o Baquinho fez nada menos que 148 gols, incrível média de 4,5 gols por jogo. O título foi conquistado com seis rodadas de antecedência.

Para celebrar a conquista, o time foi a São Paulo jogar contra o Flamengo, da Vila Mariana, na preliminar do confronto entre o América de São José do Rio Preto e a Associação Desportiva Araraquarense, na Rua Javari, o tradicional estádio do Juventus. O Baquinho venceu por 12 a 1, com cinco gols de Pelé. Diz a lenda que mais da metade do público presente foi embora no final dessa partida, convicto de que a atração principal certamente não seria tão interessante quanto a preliminar.

Dondinho e Waldemar de Brito acompanharam a delegação na viagem a São Paulo. Edson teve a oportunidade de visitar o Parque São Jorge, campo do Corinthians, e o Edifício Martinelli, o mais alto de São Paulo. Esteve também na sede da *Gazeta Esportiva*, o jornal de esportes mais lido e comentado da época, que registraria a ascensão e glória do menino que, naquele dia, encantou-se com o ambiente da redação.

Mesmo com todo o sucesso, o Baquinho durou apenas dois anos, pois o clube estava passando por dificuldades financeiras. As atividades esportivas seriam interrompidas, permanecendo apenas a estrutura social. Aos 36 anos, Dondinho decidiu se aposentar. Não estava em condições de continuar jogando e não pensou em buscar um novo clube, mesmo porque havia fincado raízes em Bauru. Respeitado na cidade, aceitou um convite para fazer parte da comissão técnica do arquirrival Noroeste.

Enquanto isso, os meninos criaram um time de futebol de salão, o Radium, para suprir a ausência do Baquinho. Pelé liderou a equipe na conquista do campeonato municipal da modalidade. Com a ida de Dondinho para o Noroeste, o garoto começou a treinar no clube. Tanto o pai quanto Waldemar de Brito consideravam, no entanto, que o rapaz tinha potencial para começar a carreira já em outro patamar, num clube maior.

Brito tinha contatos no Santos e falou do fenômeno que via nascer. Combinaram um teste na Vila Belmiro e prepararam dona Celeste para a possibilidade de mudança do rapaz para a cidade praiana, distante 400 quilômetros de Bauru. Ela resistiu bastante à ideia. Não foi fácil convencê-la de que o menino já tinha maturidade para ficar longe de casa.

O garoto seguiu com o pai, de trem, até São Paulo. Na Estação da Luz, encontraram-se com Waldemar de Brito, que já estava na capital, e dali os três partiram juntos, de ônibus, para Santos. A primeira coisa que fizeram, ao chegar, foi ver o mar, que Pelé ainda não conhecia. Depois, ao apresentá-lo aos dirigentes do Santos, o experiente técnico previu o futuro: "Este é o garoto que será o melhor jogador de futebol do mundo".

A decisão do Santos em contratá-lo foi imediata, pois seu incrível talento saltava aos olhos. Logo no primeiro treino, ele aplicou uma série de dribles desconcertantes no experiente zagueiro Chico Formiga.

Com menos de 60 quilos, o rapazinho parecia frágil demais para a brutalidade dos zagueiros, mas a leveza o ajudava a escapar com agilidade das entradas mais violentas. O clube iniciou um trabalho para que ele ganhasse musculatura gradualmente, sem atrapalhar a velocidade dos movimentos. Com o tempo, chegaria ao peso ideal de 73 quilos, mantido ao longo da carreira.

O garoto começou a ser chamado pelos jogadores do Santos de Gasolina, em razão da semelhança com um cantor e ator gaúcho que aparecia bastante na época. Contudo, o novo apelido não pegou – por sorte, já que "Pelé" certamente seria uma palavra muito mais fácil de pronunciar ao redor do planeta.

O Santos vivia uma excelente fase. Com diversos jogadores talentosos – além de Pepe, o elenco tinha estrelas como Del Vecchio e Zito –, a equipe havia conquistado o Campeonato Paulista de 1955, depois de vinte anos na fila. Seria o ambiente perfeito para que um jovem extremamente promissor se sentisse à vontade para deixar aflorar toda a sua capacidade, sem a responsabilidade inicial de ser o craque do time. Pelé foi a cereja do bolo de um elenco que já era excelente antes dele, e, com ele, tornou-se praticamente imbatível.

Seu aproveitamento no time ocorreu mais cedo do que o planejado, depois que Vasconcelos quebrou a perna durante uma partida contra o São Paulo, pelo Campeonato Paulista, e precisou ficar muito tempo afastado

– aliás, nunca voltaria a ser o mesmo jogador de antes. Pelé passou a ser a opção imediata para o lugar de Del Vecchio, a quem, coincidentemente, substituiria tanto no jogo de estreia no Santos quanto na primeira partida pela Seleção Brasileira.

Assim que fez essas primeiras partidas, Pelé chamou a atenção do mundo do futebol, como registra a edição de 15 de junho de 1957 da *Manchete Esportiva*: "Quem é Pelé? É um menino de 16 anos. Perigoso no ataque, como bem poucos conseguem sê-lo. Vários técnicos já voltaram suas vistas para ele. Acham-no dono de qualidades incomuns, nesta época em que são escassos os bons avantes. Aimoré, por exemplo, dizia-nos há alguns dias: 'Não adianta marcá-lo de perto. O rapaz é ágil, rápido, e com toda a facilidade desmarca-se, partindo como um serelepe para o gol'".

A primeira convocação para a Seleção Brasileira foi em julho de 1957, ainda aos 16 anos. Pelé havia jogado pouco mais de trinta partidas como profissional pelo Santos, suficientes para evidenciar quanto era fora de série. Para confirmar todas as expectativas que vinham sendo criadas em torno dele, Pelé fez um gol contra ninguém menos que a Argentina, logo na estreia.

Foi na Copa Roca, disputada entre Brasil e Argentina, sem periodicidade preestabelecida. A primeira edição havia ocorrido em 1914, seguida por novas edições: em 1922, 1923, 1939, 1940 e 1945. Quando a Copa Roca de 1957 foi realizada, cada país havia conquistado três títulos. Pelé faria a primeira partida pela seleção justamente nessa disputa, marcada por grande rivalidade.

Seu gol foi o único do Brasil no primeiro jogo, no Maracanã, que terminou com vitória argentina por 2 a 1. Apesar da derrota, o rapazinho cumpriu excelentemente seu papel, depois de substituir Del Vecchio no intervalo. O Brasil estava perdendo por 1 a 0, e Pelé conseguiu fazer o gol de empate aos 32 minutos. Nem mesmo o segundo gol da Argentina, pouco depois, tirou o brilho da atuação do menino-prodígio.

O segundo jogo da Copa Roca, que naquele ano teve o Brasil como sede, foi disputado três dias depois, no Estádio do Pacaembu, em São Paulo. Pelé começou como titular e logo aos 18 minutos abriu o placar. Com Mazzola ampliando no segundo tempo, o Brasil fez 2 a 0 e conquistou o direito de empatar na prorrogação de 30 minutos, concluída sem gols. Assim, a Seleção Brasileira assegurou a conquista do título. "Pelé demonstrou mais uma vez todas as suas qualidades", elogiou o *Jornal dos Sports*. "Perfeito no manejo da pelota, foi ainda autor de um tento de grande inspiração."

Ele fecharia o espetacular ano de estreia no Santos com a artilharia do Campeonato Paulista, chegando a 17 gols nas 15 partidas que disputou, ainda que o título tenha sido conquistado pelo São Paulo. Durante as oito temporadas seguintes, ficaria sempre no topo da artilharia da competição, totalizando 342 gols nessa sequência, até 1965.

Apesar do excelente desempenho em um teste de fogo como a Copa Roca e da artilharia no Campeonato Paulista, havia ainda resistências à ideia de incluir um jogador tão jovem na lista de convocados para a Copa do Mundo de 1958. O escritor e dramaturgo Nelson Rodrigues defendeu a convocação na crônica "A Realeza de Pelé", publicada depois da partida de estreia do Santos no Torneio Rio-São Paulo de 1958, no dia 26 de fevereiro, contra o América do Rio de Janeiro, no Maracanã. O Santos venceu por 5 a 3, com quatro gols do garoto.

"O meu personagem anda em campo como uma dessas autoridades irresistíveis e fatais. Dir-se-ia um rei, não sei se Lear, se imperador Jones, se etíope. Racialmente perfeito, do seu peito parecem pender mantos invisíveis. Em suma: ponham-no em qualquer rancho e sua majestade dinástica há de ofuscar toda a corte em derredor", escreveu Rodrigues. "O que nós chamamos de realeza é, acima de tudo, um estado de alma. E Pelé leva sobre os demais jogadores uma vantagem considerável: a de se sentir rei, da cabeça aos pés", seguiu o texto, que se tornou o grande precursor da alcunha "Rei do Futebol" para definir Pelé.

O famoso dramaturgo afirmou ainda que, na Copa anterior, a derrota brasileira para a Hungria nas quartas de final podia ser pressentida apenas pela forma como as duas equipes entraram em campo. "Os húngaros erguem o rosto, olham duro, empinam o peito, nós baixamos a cabeça e quase babamos de humildade." Para o dramaturgo, Pelé tinha como maior virtude a "imodéstia absoluta", um sentimento pleno de confiança, certeza e otimismo que fazia dele um craque imbatível. Esse sentimento seria a chave para reverter a "alma dos vira-latas", que, para Rodrigues, havia sido evidenciada pelos brasileiros na edição anterior da Copa.

"Hoje, até uma cambaxirra sabe que Pelé é imprescindível em qualquer escrete. Na Suécia, ele não tremerá de ninguém. Há de olhar os húngaros, os ingleses, os russos de alto a baixo. Não se inferiorizará diante de ninguém. E é dessa atitude viril e mesmo insolente que precisamos. Sim, amigos: aposto minha cabeça como Pelé vai achar todos os nossos adversários uns pernas de pau", previu Rodrigues.

A opinião de Nelson Rodrigues se alinhava aos apelos da torcida, e Pelé foi, enfim, convocado para a Copa de 1958. Esteve a um passo de ser cortado, no entanto. Faltando vinte dias para o início da competição, ele sofreu uma contusão no joelho em um jogo-treino contra o Corinthians.

O médico da seleção, Hilton Gosling, apostou na recuperação em tempo e bancou sua permanência no grupo que seguiria para a Suécia, primeira viagem internacional do jovem talento.

Na fase de preparação, o psicólogo João Carvalhaes foi contratado pela Confederação Brasileira de Desportos (CBD) para avaliar o equilíbrio psicológico dos atletas. Baseou-se em uma série de exercícios, como pedir desenhos e analisar respostas a determinadas perguntas. Pelé foi definido pelo especialista como "obviamente infantil e desprovido do necessário espírito de luta", por ser "jovem demais para sentir as agressões e reagir com a força adequada". O veredito do psicólogo, que felizmente não tinha a última palavra, foi desaconselhar o aproveitamento de Pelé naquela competição.

Como se sabe, a idade não seria obstáculo para seu magnífico desempenho em campo. De qualquer forma, era importante lembrar que se tratava de um adolescente, ainda muito mais próximo da infância que da vida adulta – tanto que o menino levou na bagagem para a Suécia o pião predileto, que o acompanhava desde pequeno.

Pelé manteria esse hábito por muitos anos, como um amuleto e uma lembrança permanente da infância feliz ao lado da família. Muitas vezes, sentindo-se solitário em algum quarto de hotel mundo afora, ele enrolava o barbante e fazia o pião girar, transferindo-o em pleno movimento para a palma da mão e depois de volta ao chão. Sabia ser gigante em campo, mas ainda era um pouco criança fora dele.

Durante a Copa, o menino-prodígio ganhou um tempo extra para se aclimatar. Embora fosse claramente reserva no planejamento inicial do técnico Vicente Feola, ele recebeu a camisa 10 por causa de questões burocráticas na ordem das inscrições dos atletas. Parecia mais uma entre tantas conspirações do destino que marcaram a carreira de Pelé – a partir dali, esse número estampado nas costas indicaria se tratar do maior craque de um time, simbologia rapidamente disseminada pelo planeta.

Pelé não participou das duas primeiras partidas brasileiras na Copa, nas quais a seleção derrotou a Áustria por 3 a 0 e empatou sem gols com a Inglaterra. A dificuldade para vencer a defesa inglesa levou Feola a dar uma oportunidade ao jovem talento, que vinha se destacando nos treinos. Ele participou do jogo decisivo da fase inicial, vitória de 2 a 0 contra a União Soviética, com dois gols de Vavá. O novato demonstrou segurança e jogou bem – quase fez um gol ao acertar um chute na trave. A imprensa brincou que a sigla CCCP no uniforme dos soviéticos eram as iniciais de "Camaradas, cuidado com o Pelé!".

Mantido na equipe para as quartas de final, foi dele o único gol da difícil vitória brasileira sobre o País de Gales, aos 21 minutos do segundo tempo. Ao receber a bola dentro da área, de costas para o gol, ele matou no peito, driblou o zagueiro com um toque sutil e emendou um chute certeiro no canto direito do goleiro.

Na semifinal, o adversário seria a França – que vinha de uma vitória convincente, 4 a 0, sobre a Irlanda do Norte. O primeiro tempo terminou em 2 a 1 para a Seleção Brasileira, com gols de Vavá e Didi. Na segunda etapa, o show foi de Pelé, que fez três gols, aos 7, 19 e 30 minutos. Assim, ele desequilibrou completamente uma partida que estava difícil. A França diminuiu no final, fechando o placar em 5 a 2.

Na grande decisão, o Brasil enfrentaria a anfitriã Suécia, que teve o direito de manter as camisas amarelas. Com isso, a Seleção Brasileira jogou de azul. Quando a Suécia abriu o placar, logo aos 4 minutos, o fantasma de uma nova derrota na final de uma Copa do Mundo percorreu o país do Oiapoque ao Chuí. Contudo, os jogadores em campo permaneceram tranquilos e confiantes: conseguiram virar o placar ainda no primeiro tempo, com dois gols de Vavá.

Na segunda etapa, o talento de Pelé novamente surgiu para desafogar uma partida complicada. Ele ampliou a vantagem aos 10 minutos do segundo tempo, com um gol antológico. Estava na grande área quando recebeu um lançamento longo. Matou a bola no peito ao mesmo tempo que virava o corpo, tirando da jogada o primeiro marcador. Quando outro defensor sueco se aproximou, Pelé aplicou um lençol e fuzilou de direita, da marca do pênalti, sem deixar a bola cair. A bola entrou no canto direito do goleiro.

Já no final da partida, com o Brasil vencendo por 4 a 2, Pelé ainda fez mais um, assegurando de vez a conquista do título. O lance começou em outro lançamento longo para a área. Ele subiu mais que o zagueiro adversário e cabeceou no contrapé do goleiro.

Depois do apito final, durante a celebração com os companheiros, Pelé chorou convulsivamente, como se não acreditasse no que estava acontecendo. Naquele momento, a certeza de que cumprira a promessa feita ao pai oito anos antes provocou uma descarga tão grande de emoção que o garoto chegou a desmaiar por alguns segundos.

Apesar da derrota da seleção local, a torcida aplaudiu, reconhecendo a superioridade da equipe brasileira e maravilhada por testemunhar o surgimento do fenômeno Pelé. Apenas dois anos depois de sair, aos 15 anos, de Bauru, típica cidade interiorana, o garoto ganhava fama mundial ao ser uma das estrelas da inédita conquista brasileira. "Até eu tive vontade de aplaudir", confessou mais tarde o zagueiro sueco Sigge Parling.

Há quem considere a Seleção Brasileira de 1958 o maior time de futebol já reunido, acima ainda da célebre equipe que conquistaria o tricampeonato, em 1970. "Que outra equipe reuniu cinco gênios do calibre de Pelé, Garrincha, Vavá, Didi e Nilton Santos?", questionou o jornalista Orlando Duarte durante a nossa conversa.

Talvez os jogadores campeões só tenham tido noção plena do que aquela conquista representava para o povo brasileiro quando retornaram ao país. Ao se aproximar do Aeroporto do Galeão, no Rio de Janeiro, o avião foi escoltado por 16 jatos da Força Aérea Brasileira (FAB). Multidões tomaram as ruas do Rio e de São Paulo para acompanhar o desfile dos campeões em carros de bombeiros.

Depois, cada campeão teve homenagens em suas respectivas cidades. A população de Bauru organizou uma vaquinha para presentear Pelé com um Romi-Isetta, veículo de três lugares que estava sendo lançado como o primeiro produto da indústria automobilística nacional. O Rei deu o carro a Dondinho. Outro presente inusitado recebido por Pelé depois da Copa foi um dobermann, que ele batizou de Campeão e levou para a pensão em Santos.

Ainda em 1958, estreou no Santos outro jovem talento que se tornaria grande parceiro de Pelé: o centroavante Coutinho. Três anos mais jovem, ele havia sido descoberto num time amador de Piracicaba. Fez a primeira partida profissional pelo Santos um mês antes de completar 15 anos e ocuparia o lugar deixado pela transferência de Pagão para o São Paulo. As tabelas entre Pelé e Coutinho logo se tornariam famosas. Ao final da década que passaria jogando pelo Santos, até 1968, o parceiro do Rei faria 368 gols, tornando-se o terceiro maior artilheiro da história do clube.

O Santos venceu o Campeonato Paulista de 1958, e Pelé não só ficou com a artilharia como bateu, com ampla vantagem, o recorde histórico. Fez 58 gols em 38 jogos. O recorde anterior era de Feitiço, também santista, que marcou 39 vezes na edição de 1931.

O ano de 1959 também seria magnífico para Pelé, que parecia viver em um conto de fadas permanente. Ele participou de 103 partidas e alcançou a incrível marca de 127 gols no ano. Seriam seus recordes, tanto de jogos quanto de gols, numa mesma temporada. E isso tudo tendo que conciliar os compromissos pelo Santos com a obrigação de servir no Exército. Mesmo sendo uma estrela mundial, ele não obteve a dispensa que pleiteou. Foi convocado para o 6º Grupo de Artilharia de Costa Motorizada, em Santos, conhecido pela sigla 6º GACosM.

Pelé até conseguia licença para as viagens, mas, quando estava na cidade, precisava executar tarefas no quartel, como limpar o pátio ou cumprir algumas horas como sentinela. Teve, ainda, que fazer seis partidas pelo time de futebol do 6º GACosM, contra adversários também militares. Três dessas partidas ocorreram em dias posteriores a jogos do Santos pelo Campeonato Paulista.

O clima familiar da pensão se ampliou ainda mais para Pelé quando seu irmão Zoca ingressou no elenco do sub-20 do Santos e também passou a morar lá. As injustas comparações com o irmão mais velho certamente não eram fáceis para Zoca, que não conseguiu se firmar como jogador. Desistiu depois de duas temporadas, nas quais chegou a fazer quatro gols em 15 partidas pelo profissional. Ele estudou Direito e tornou-se o braço-direito do irmão na administração de bens e negócios, papel em que sempre demonstrou estar confortável. Morreu em 2020, aos 77 anos.

No dia 2 de agosto de 1959, Pelé fez o gol que é frequentemente citado como o mais bonito de sua carreira repleta de golaços. Foi o terceiro que marcou na vitória de 4 a 0 do Santos contra o Juventus, na Rua Javari, pelo Campeonato Paulista. O Rei aplicou quatro chapéus na sequência – em três zagueiros e no goleiro –, antes de concluir com uma cabeçada. Infelizmente, essa verdadeira obra de arte não pode ser vista hoje, pois não restaram imagens do lance. Chegou-se a produzir uma reconstituição por computador, apresentada no filme *Pelé Eterno*, baseada em depoimentos de jogadores, em algumas fotos e nos relatos dos jornais.

"Pelé, em jornada simplesmente fabulosa, liquidou com as pretensões do Juventus", dizia a manchete do *Correio Paulistano*. O time da casa chegou a pressionar no começo da partida, relatou o jornal, "mas acontece que o alvinegro praiano conta com um Pelé em seu ataque, e este, exibindo-se de forma espetacular, simplesmente fabulosa, acabou por desbaratar completamente o sistema defensivo juventino com nada menos do que três tentos, o último dos quais constituiu-se numa verdadeira 'joia rara', tal a manobra desenvolvida pelo excepcional avante na sua execução".

As testemunhas relataram que Pelé estava sendo especialmente hostilizado naquele dia pela torcida adversária. Em certo momento, ele chegou a se virar para as arquibancadas e fez um gesto com a mão espalmada, como quem diz "esperem um pouco e vocês vão ver uma coisa". Depois do primeiro e do segundo gols dele, os insultos se intensificaram. Só após o terceiro, genial, a torcida do Juventus finalmente deu o braço a torcer e aplaudiu o craque – que comemorou dando um soco no ar, como se estivesse desabafando. Dali em diante, essa comemoração se tornaria uma de suas marcas registradas.

Naquele mesmo ano de 1959, o Santos iniciaria a tradição das excursões, que se estenderia por toda a era Pelé como estratégia para aumentar a arrecadação e sustentar o time de estrelas. Em geral, o elenco viajava para as Américas no início do ano e para a Europa na metade do ano, para aproveitar o clima ameno no continente. Tornava-se, assim, o equivalente futebolístico dos famosos Harlem Globetrotters, equipe norte-americana de basquete que percorria o mundo para jogos de exibição.

Logo depois da conquista do Torneio Rio-São Paulo de 1959, o Santos partiu para quase dois meses pela Europa. Para reduzir os custos com passagens, hospedagem e alimentação, o clube viajava com apenas 18 atletas, sendo dois goleiros. Em caso de contusão ao longo da viagem, outros atletas até poderiam ser enviados do Brasil, mas apenas por necessidade extrema.

Todo mundo que embarcava participava de quase todas as partidas, agendadas em prazos curtos, para que a viagem gerasse o máximo de renda. Numa época anterior às legislações para proteger os jogadores do excesso de jogos, havia compromissos praticamente dia sim, dia não. No caso de Pelé, a presença em campo era obrigatória, pois os contratos previam determinada remuneração para o Santos com ele em campo, e uma redução considerável caso ele não atuasse.

O resultado de tudo isso é que não sobrava tempo para conhecer o mínimo que fosse das cidades e dos países por onde o Santos passava. Na memória de Pelé, não havia muita diferença entre a Bélgica e a Suíça, entre a Holanda e a Espanha. Tudo se misturava de forma difusa, como se fossem imagens vistas da janela de um trem em movimento.

Durante as excursões, era preciso encontrar o meio-termo perfeito entre encantar o público e poupar-se para as partidas seguintes. Por ser um time excepcional, o Santos conseguia obter resultados mesmo com um nível de dedicação de 70% ou 80% do potencial.

Naquela excursão pela Europa em 1959, o clube brasileiro venceu a poderosa Internazionale de Milão por 7 a 1, com quatro gols de Pelé, e fez 5 a 1 em outro gigante do futebol mundial, o Barcelona, da Espanha, com dois de Pelé. No balanço final, Pelé marcou 28 gols em 22 partidas.

Os grandes clubes da Europa ficaram ainda mais loucos para contratá-lo. Em 1960, Umberto Agnelli, dono da Fiat e presidente da Juventus de Turim, foi a Santos e chegou a falar em um milhão de dólares, fortuna impensável para a época. O então presidente do Santos, Athiê Jorge Coury, que sempre tratou o grande craque como "inegociável", tranquilizou a torcida depois do encontro. "As ofertas que vêm da Europa não são nenhuma novidade, os homens de lá são doidos por Pelé. Não posso impedi-los de ficar amolando e acenando com fortunas. Mas não tem problema, meu trabalho é só dizer não."

Pelé também não fazia questão de sair do Brasil. Um dos motivos para querer continuar em Santos é que ele estava apaixonado por uma garota, Rosemeri. Os dois se conheceram quando Pelé foi ver uma partida de basquete feminino no ginásio da Vila Belmiro, acompanhado por alguns colegas de time que estavam na concentração.

Rose se aproximou e pediu a Pelé que não maltratasse demais o Corinthians, seu time de coração, no jogo marcado para o dia seguinte. Naquele momento, a conversa não evoluiu muito além dessa pequena provocação. Algum tempo depois, Pelé descobriu que a menina, que ele havia achado muito bonita, trabalhava numa loja de discos da região. Foi procurá-la e os dois iniciaram um namoro, autorizado pelo pai dela, Guilherme. Um namoro bem comportado, até porque Rose tinha apenas 14 anos.

Mesmo sendo uma estrela mundial, Pelé tentava manter a vida o mais próximo possível da normalidade. Ele continuou, por exemplo, jogando com a turma de Bauru ao longo dos anos em que seus pais permaneceram na cidade e ele ia visitá-los. A pelada tinha o sugestivo nome de "Vai-quem-quer", pois a regra era não deixar ninguém de fora. Quem ia chegando, ia jogando, não importa quantos jogadores houvesse em cada time.

– Foi ali que aprendi a driblar no espaço pequeno – revelou Pelé.

No Vai-quem-quer, a turma não aliviava para a grande estrela do futebol mundial. Ao contrário, alguns se empenhavam ao máximo para demonstrar que eram capazes de tirar a bola ou até mesmo dar um drible no craque. "Tinha um zagueirão que ia levar um chapéu do Pelé, mas passou o sarrafo e gritou: 'Aqui não, Crioulo!'", me descreveu, aos risos, o delegado aposentado Aniel Chaves, amigo de infância e companheiro dos tempos de Baquinho.

Outro dos momentos marcantes dos primeiros anos de carreira de Pelé foi o surgimento da expressão "gol de placa". Numa partida contra o Fluminense pelo Rio-São Paulo de 1961, ele fez um gol tão bonito na vitória do Santos por 3 a 1, no Maracanã, que o jovem repórter esportivo Joelmir Beting (célebre mais tarde como jornalista econômico) considerou que seria justo eternizar aquele feito de alguma forma. Teve, então, uma ideia: propôs à diretoria do jornal O Esporte, para o qual trabalhava, que custeasse uma placa a ser instalada no estádio. E assim foi feito. A placa registrava a data e a partida em que Pelé havia proporcionado ao público "o tento mais bonito da história do Maracanã".

No lance, do qual também não sobraram imagens, Pelé pegou a bola ainda antes da linha do meio-campo e, numa arrancada fenomenal, passou por quatro adversários antes de superar o goleiro Castilho. Mais uma vez, o Rei arrancou aplausos da torcida adversária. Dessa ocasião em diante, gols muito bonitos passaram a ser chamados de "gol de placa", dignos de ter uma placa, como aquela obra de arte assinada por Pelé.

Pelé fechou o ano de 1961 com 111 gols feitos em 75 partidas, média incrível de quase um gol e meio por jogo. Ele chegaria muito confiante em 1962, o ano da Copa do Chile. Confiança que se estendia a todos os brasileiros, otimistas quanto à conquista do bicampeonato. A base era praticamente a mesma da Copa anterior, com a diferença de que Aimoré Moreira havia assumido como técnico no lugar de Vicente Feola, que precisou se afastar por motivos de saúde.

O clima se tornou ainda mais favorável depois das seis vitórias nos amistosos preparativos para a Copa, sobre Paraguai, Portugal e País de Gales – duas vezes cada um. Pelé fez 7 dos 19 gols assinalados pela Seleção Brasileira nesses confrontos.

A estreia na Copa foi uma vitória segura sobre o México, por 2 a 0, com Zagallo abrindo o placar ao concluir um cruzamento de Pelé e o próprio Rei ampliando em seguida. Tudo parecia perfeito, até que, ao chutar uma bola que bateu na trave, a grande estrela da Seleção Brasileira sentiu uma fisgada na virilha, aos 25 minutos do segundo tempo do empate sem gols contra a Checoslováquia.

Quando voltou aos treinos, depois de alguns dias de tratamento, Pelé sentiu novamente a dor se irradiando pela perna ao cobrar um escanteio. Era como um pesadelo para ele, para os colegas de time e para todos os brasileiros.

– Senti uma enorme tristeza naquele momento em que percebi a gravidade da contusão – lembrou o Rei. – Achei muito injusto que eu tivesse passado quatro anos jogando feito um maluco, praticamente dia sim, dia não, para me machucar justamente durante a Copa do Mundo.

Ele acompanhou os jogos restantes da arquibancada, sempre apoiando o time. O espírito de equipe era uma de suas marcas registradas como atleta. Com vários outros craques – incluindo o jovem Amarildo, 23 anos, que entrou muito bem no lugar de Pelé –, a Seleção Brasileira seguiu firme rumo ao título, com vitórias sobre Espanha (2 a 1), Inglaterra (3 a 1), Chile (4 a 2) e, na final, disputada no dia 17 de junho, 3 a 1 sobre a mesma Checoslováquia enfrentada no jogo em que Pelé sentiu a contusão.

O título foi novamente festejado com muita alegria por todos os brasileiros. Pelé carregava sentimentos agridoces em relação à experiência na Copa, mas, no final das contas, era a felicidade geral da nação que mais importava para ele.

O craque já aprendera, àquela altura, que nunca havia muito tempo para celebrar uma conquista nem para lamentar uma derrota. O mundo da bola não parava. Era preciso continuar se provando todos os dias.

Logo foram retomados os jogos da Taça Libertadores, que haviam sido interrompidos pela Copa do Mundo. O Santos chegou à final contra o Peñarol, do Uruguai, vencedor das duas edições do torneio realizadas até então. Mesmo sem Pelé, ainda em recuperação da contusão sofrida na Copa, a "orquestra praiana" conseguiu vencer em Montevidéu por 2 a 1.

No segundo jogo, a derrota santista por 3 a 2 na Vila Belmiro foi marcada por uma das maiores e mais inacreditáveis polêmicas com a arbitragem da história do futebol. Foi só depois do jogo, ao preencher a súmula – documento oficial das partidas –, que o chileno Carlos Robles afirmou não ter validado o gol de empate do Santos. Em campo, o confronto continuou normalmente e, ao final, tanto os jogadores do time da casa quanto a torcida celebraram o título, resultado do suposto empate por 3 a 3. A justificativa do árbitro foi que, diante do clima tenso decorrente do terceiro gol do Peñarol, ele havia decidido encerrar a partida naquele momento, mas não considerava ter a segurança necessária para anunciar tal decisão. Assim, o resto do jogo teria seguido como mero "amistoso", para acalmar os ânimos.

Apesar dos protestos do Santos e da Confederação Brasileira de Desportos (CBD), a versão oficial prevaleceu e a vitória do Peñarol foi confirmada, o que forçou a realização de uma terceira partida, em campo neutro. O jogo foi marcado para o estádio do River Plate, em Buenos Aires, quase um mês depois. Tempo suficiente para que Pelé se recuperasse completamente e comandasse a equipe na vitória por 3 a 0, tendo feito os dois últimos gols. "Ficou mais uma vez provado que quem tem Pelé tem tudo", resumiu o *Diário da Noite*. Assim que o juiz apitou o final da partida, a torcida argentina invadiu o gramado e, em busca de lembranças, arrancou as roupas de Pelé, que ficou completamente nu em campo antes de conseguir escapar para o vestiário.

Uma semana depois, o Rei chegaria a 500 gols na carreira ao fazer o segundo dos seus quatro gols na goleada de 7 a 2 sobre a Ferroviária de Araraquara, pelo Paulistão, no dia 16 de setembro de 1962. Sua estreia como profissional havia completado seis anos poucos dias antes.

Menos de um mês depois, ainda antes de completar 22 anos, o Rei fez aquela que, depois do final da carreira, costumava citar como a sua melhor partida, entre tantas partidas brilhantes. No segundo confronto da final Intercontinental, que reunia o campeão europeu e o vencedor da Libertadores da América, ele marcou três vezes na vitória de 5 a 2 do Santos sobre o Benfica, de Portugal, em pleno Estádio da Luz, em Lisboa.

O Santos abriu 5 a 0 e desacelerou um pouco no final, permitindo que o dono da casa reduzisse a desvantagem. O time brasileiro precisava apenas do empate, depois de ter vencido no Maracanã por 3 a 2. Bicampeão da Copa do Mundo pela seleção, Pelé era agora também campeão mundial de clubes pelo Santos. Mesmo sendo muito jovem, ele demonstrava capacidade de brilhar ainda mais intensa nos jogos mais importantes.

A essa altura, Pelé já estava rico? Muito longe disso. Naquela época, os padrões de remuneração dos jogadores ficavam muito abaixo dos parâmetros atuais. Foi só depois de se tornar bicampeão mundial pela seleção e campeão mundial de clubes pelo Santos que ele conseguiu, finalmente, levar Dondinho e Celeste para morar em Santos. A renovação do contrato com o Santos incluiu uma casa, que passou a abrigar sua família – incluindo vó Ambrosina, mãe de Dondinho, e tio Jorge, irmão de Celeste. Assim, depois de seis anos na pensão da dona Georgina, o rapaz voltava a morar com os pais.

Celeste passou a dividir com dona Georgina o papel de "mãezona" dos jogadores do Santos. Sempre dizia ao filho que podia convidar os amigos para o almoço. "A gente filava a comida da dona Celeste e depois ficava batendo papo com o Dondinho sobre futebol. Era uma delícia", lembrou Lima, colega no Santos que se tornou concunhado do Rei.

Cada vez que o craque voltava a Bauru para enfrentar o Noroeste, era uma experiência especial para ele e para toda a cidade, que lembrava dos áureos tempos da rivalidade com o BAC e do surgimento do fenômeno. Numa dessas ocasiões, em 21 de julho de 1963, Pelé fez os quatro gols da vitória por 4 a 3. Para desespero dos torcedores locais, o Noroeste vencia por 3 a 2 até os 40 minutos do segundo tempo. Quando Pelé estava em campo, no entanto, o jogo só acabava mesmo no apito final.

Muito querido entre os colegas de profissão, o Rei fazia questão de não cultivar rivalidades com outros jogadores. Curiosamente, no entanto, ele acabou desenvolvendo uma rixa com um árbitro: o polêmico Armando Marques, que começava a despontar como um nome de destaque na arbitragem nacional e parecia ter um prazer especial em se autoafirmar diante do maior craque do mundo.

– Uma vez, contra o São Paulo, ele me expulsou só porque eu reclamei de uma irregularidade num gol deles – lembrou Pelé durante as nossas conversas.

O jogo em questão aconteceu no dia 14 de agosto de 1963. Além de Pelé, seu companheiro de ataque Coutinho também havia sido expulso em meio a reclamações por causa do terceiro gol são-paulino, que vencia por 3 a 1. Com dois jogadores a menos, o Santos levou o quarto gol no início do segundo tempo e, para evitar uma goleada histórica, três outros jogadores do time disseram, ao longo dos minutos seguintes, que não poderiam continuar a partida, alegando contusão. Isso levou à interrupção do confronto, aos 9 minutos do segundo tempo, por número insuficiente de atletas, conforme previsto no regulamento da época.

Ao longo de toda a carreira, Pelé foi expulso de campo em 13 ocasiões – quatro delas por Armando Marques. Numa entrevista a Jô Soares, o ex-árbitro, já no final da vida (ele morreu em 2014, aos 84 anos), afirmou que nunca teve nada contra Pelé. "O problema era que ele gostava de mandar, e eu também."

Os conflitos com Marques certamente contribuíram para uma curiosa resposta de Pelé, quando foi perguntado, durante uma entrevista, se havia alguma regra do futebol que gostaria de ver modificada. "Uma boa mudança", respondeu ele, meio em tom de brincadeira, meio a sério, "seria a possibilidade de um árbitro ser expulso do campo durante uma atuação muito ruim".

A frase acabou se tornando uma curiosa premonição. Menos de um ano depois, num amistoso do Santos contra a Seleção Olímpica da Colômbia, em Bogotá, Pelé foi expulso depois de uma briga generalizada em campo, que envolveu vários jogadores. Ele deixou o gramado, mas, diante dos protestos indignados da torcida, os organizadores decidiram chamá-lo de volta e substituíram o juiz por um dos bandeirinhas que estavam atuando na partida.

Menos de uma semana depois da expulsão contra o São Paulo, o Santos enfrentava outro supertime brasileiro, o Botafogo, pela semifinal da Libertadores. Era um esquadrão com nomes como Garrincha, Zagallo, Nilton Santos e Quarentinha. O primeiro jogo, no Pacaembu, terminou em 1 a 1, com gol de Pelé no finalzinho. Na partida da volta, no Maracanã, o Rei já havia feito 3 a 0 aos 33 minutos do primeiro tempo. Coube a Lima completar a goleada de 4 a 0 na segunda etapa.

O adversário da final seria o argentino Boca Juniors. O Santos decidiu fazer no Maracanã o primeiro jogo, em que tinha o mando de campo. Era um reconhecimento ao acolhimento que vinha recebendo dos torcedores cariocas. Saiu com uma vitória por 3 a 2, com dois gols de Coutinho e um de Lima.

Uma semana depois, o Santos suportou bem a pressão típica do estádio La Bombonera, em Buenos Aires. Mesmo tendo tomado um gol no início do segundo tempo, o time manteve a calma e buscou o empate, quando Coutinho aproveitou um lançamento de Pelé. O resultado já favorecia o Santos, mas, para exterminar qualquer esperança dos argentinos, Pelé virou o placar aos 37 minutos. Recebeu a bola de Coutinho, driblou o primeiro zagueiro e, mesmo pressionado por mais dois adversários, chutou no canto esquerdo do goleiro.

Ao falar sobre racismo na nossa conversa, muitos anos depois, Pelé disse que era assim que agia contra o preconceito: jogando tudo o que podia. Nas situações em que era ofendido pelo público presente nas arquibancadas, como ocorreu naquela ocasião e em muitas outras, ele ficava especialmente empenhado em fazer o máximo.

– Sobre racismo, tudo o que fiz, eu fiz naturalmente, sendo eu mesmo. Chegar na Argentina, com o estádio inteiro xingando, e ganhar dos caras lá dentro, essa era a minha forma de responder, de mostrar a minha capacidade. Isso certamente tinha um peso muito maior do que qualquer discurso.

O título de bicampeão da Libertadores foi intensamente festejado, não apenas em Santos, mas em todo o Brasil. Àquela altura, o time de Pelé & Cia. havia se transformado em orgulho nacional. Eram conquistas que reforçavam a autoestima do povo brasileiro, algo que o Rei vinha fazendo com brilhantismo desde a inesquecível campanha na Copa de 1958.

Na partida com o Milan para decidir o título mundial, Pelé encontraria dois velhos conhecidos que estavam jogando na Itália: Mazzola, companheiro na Seleção de 1958, e Amarildo, seu brilhante substituto depois da contusão na Copa de 1962.

O primeiro confronto, realizado em Milão, terminou em 4 a 2 para o time italiano, com Pelé fazendo os dois gols do Santos e Amarildo assinalando dois para o Milan. O Rei sofreu uma distensão muscular numa partida do Campeonato Paulista e não participou da partida da volta, no Maracanã. Mas o Santos era um time tão fantástico que, mesmo sem seu grande craque, conseguiu devolver exatamente o mesmo placar, 4 a 2, com dois de Pepe, um de Almir – o substituto de Pelé – e um de Lima.

O regulamento previa um jogo extra para definir o campeão, realizado dois dias depois no mesmo Maracanã. Resultado: 1 a 0 para o time brasileiro, gol de Dalmo. O Santos conquistava o bicampeonato mundial, reforçando o que dizia a marchinha "Leão do Mar", que se tornou muito popular naquela época: "Agora quem dá a bola é o Santos" (ao contrário do que muitos pensam, esse não é o hino oficial do clube).

Pelé era tão completo que tinha muito talento também com as mãos. Depois da época em que fingia ser Bilé nas peladas da infância, ele continuava atuando eventualmente como goleiro nos treinos ou nas brincadeiras na praia. Em quatro ocasiões, o Santos ficou sem goleiro ao longo da partida, por contusão ou expulsão, e ele assumiu a missão. Passou por essas experiências sem tomar um gol sequer, totalizando 50 minutos de invencibilidade.

O caso mais impressionante foi em 1964, na vitória de 4 a 3 sobre o Grêmio pela Taça Brasil. Depois de fazer três gols, ele ocupou o lugar de Gylmar, expulso aos 41 minutos do segundo tempo, e segurou a pressão final do adversário, realizando duas defesas.

Depois de superar esse desafio, o Santos venceu a competição sem dificuldades. Não que o adversário da final, o Bahia, fosse fraco. Ao contrário, havia eliminado o poderoso Botafogo na outra semifinal. Só que o primeiro jogo da final, no Pacaembu, terminou em 6 a 0 para o Santos, o que deixou a equipe baiana sem nenhuma esperança de reverter a situação na segunda partida – terminou em 2 a 0 para o Santos, com os dois gols feitos por Pelé. A equipe conquistava, assim, o tricampeonato da Taça Brasil.

Em meio à fantástica sucessão de triunfos e de títulos, Pelé ia acumulando inúmeros jogos memoráveis em sua trajetória. Em 1965, o ritmo seguiu acelerado. Ele foi o artilheiro do Campeonato Paulista pela nona vez consecutiva, igualando-se a Friedenreich, que também havia liderado a artilharia em nove campeonatos. A diferença é que o histórico centroavante conseguira tal feito num período bem mais amplo, entre 1912 e 1929, em que defendeu três diferentes equipes. Pelé chegaria ao final daquele ano com 106 gols em 74 jogos, média acima de 1,4 gol por jogo.

No início de 1966, em plena semana de Carnaval, Pelé deixou o time dos solteiros: casou-se com Rose, depois de seis anos de namoro. Aos 25 anos, ele já estava integrado à rotina da família dela, embora o namoro continuasse seguindo certos preceitos, como ter sempre alguém por perto. As duas irmãs de Rose participavam dos programas, como ir ao cinema ou à praia. Pelé começou a convidar companheiros do Santos para acompanhá-los também nessas ocasiões, o que resultou no casamento de Lima com uma das irmãs de Rose.

Pelé e Rose passaram a lua de mel na Europa. Ele finalmente pôde conhecer o Velho Continente como um simples turista, e não como o atleta que apenas jogava e viajava, jogava e viajava. O casal passou por vários países, mas o ponto alto da programação, tanto para Pelé quanto para Rose, que também tinha formação católica, foi a audiência com o papa Paulo VI, no Vaticano.

No retorno ao Brasil, era tempo de pensar na Copa de 1966. A seleção se preparava apenas jogando amistosos – já que, como campeã da edição anterior, tinha presença assegurada e não precisou participar das eliminatórias. O técnico Vicente Feola, de volta ao comando depois dos problemas de saúde que o haviam afastado da Copa anterior, demonstrava indecisão entre manter a base de 1962 e dar oportunidade a novos talentos do futebol brasileiro.

O técnico teve a ideia de criar uma Seleção A e uma Seleção B, que enfrentariam diferentes adversários no processo de preparação para a Copa. As observações de Feola poderiam resultar na "promoção" de jogadores do Time B para o Time A. Com isso, a lista inicial de convocados tinha 45 nomes, que seriam reduzidos para os 27 que efetivamente iriam à Inglaterra. Havia um cronograma de cortes em pequenos grupos. Por mais que a intenção fosse promover uma competição saudável entre os atletas, o que se viu, na prática, foi um alto nível de tensão e insegurança.

Pelé, é claro, estava tranquilo nesse sentido: não havia a menor dúvida de que ele seria um dos escolhidos de Feola. Poucos dias antes da viagem da seleção para a Inglaterra, o craque ficou sabendo que Rose estava grávida, notícia que o casal recebeu com grande alegria. Ter filhos já no início do casamento era um plano que agradava a ambos.

Durante a concentração em Liverpool, onde a Seleção Brasileira faria os três primeiros jogos da primeira fase, aconteceu uma história incrível envolvendo os Beatles – algo que Pelé só soube muitos anos depois, quando, por acaso, encontrou John Lennon numa escola de idiomas em Nova York. Fiquei feliz por ter evocado esse tema durante a nossa conversa, sem saber que surgiria uma história tão incrível e pouco conhecida.

– Eu me encontrei com ele no intervalo das aulas e sabe o que ele me falou? Que na preparação pra Copa de 66, quando a Seleção Brasileira estava concentrada em Liverpool, os Beatles queriam fazer uma apresentação pro Pelé, mas não deixaram.

Depois dessa conversa, Pelé foi atrás de mais informações e descobriu que a proibição tinha partido do supervisor Carlos Nascimento, que era chamado pela imprensa de "homem mau da seleção", por estar sempre de cara amarrada e comunicar-se de forma ríspida. "Esse bando de cabeludos não vai entrar aqui, não!", determinou Nascimento.

Um pouco de alegria teria feito bem a Pelé, que viveu momentos muito difíceis naquela Copa. Ele foi caçado em campo na partida de estreia, contra a Bulgária – vitória brasileira por 2 a 0, com um gol do Rei, de falta, o primeiro de todo o Mundial.

As pancadas sofridas o obrigaram a ficar fora da partida seguinte, contra a Hungria. Sem seu melhor jogador, o Brasil perdeu por 3 a 1. Pelé voltou para o confronto decisivo da primeira fase, contra Portugal, mas não estava em suas melhores condições. Para piorar a situação, o técnico

Feola decidiu trocar nada menos que oito jogadores do time brasileiro em relação ao jogo anterior, o que abalou a confiança do grupo.

No confronto diante de Portugal, Pelé foi novamente vítima da violência dos jogadores adversários. Depois de ser atingido duas vezes no mesmo lance, o Rei seguiu mancando pelo resto da partida. A nova derrota, por 3 a 1, eliminou a Seleção Brasileira da competição. Pelé chegou a declarar que não jogaria mais em Copas, decepcionado com a violência do jogo e as contusões em duas Copas sucessivas.

O ano de 1967 chegou com a vida dando um belo sinal para que Pelé continuasse lutando. Kely Cristina, sua primeira filha, nasceu em 13 de janeiro. Era véspera do início da tradicional excursão de começo de ano do Santos pelas Américas. Ele até já estava na concentração, pronto para a viagem, conformado de que só conheceria a filha na volta, 45 dias depois.

Era um tipo de situação comum para os jogadores do Santos. Vários deles relatavam que, na volta dos longos períodos longe de casa, os filhos pequenos nem os reconheciam mais. Mas Kely deu um jeito de chegar ao mundo e conhecer o pai antes do embarque.

O momento era de transição no Santos. Lula deixara o comando técnico da equipe, depois de uma longa permanência, iniciada em 1954. Foi substituído por Antoninho, ex-jogador do próprio Santos que já atuava eventualmente como interino. Ele enfrentou turbulências nos primeiros tempos, com a queda de produção do time – muito mais pela redução na qualidade do elenco do que propriamente por responsabilidade do treinador que estava chegando.

O Santos havia se metido em dívidas decorrentes da aquisição de um hotel de luxo em Santos, o Parque Balneário, que pretendia transformar em sede social. Nessa fase financeira delicada, a diretoria do Santos precisou ter muita convicção para recusar uma proposta apresentada pela Internazionale de Milão por Pelé: três bilhões de cruzeiros. Era o equivalente a quinze vezes o valor que o Santos havia pago pouco antes pelo lateral-esquerdo Rildo, integrante do elenco brasileiro na Copa de 1966, contratado por Cr$ 200 milhões junto ao Botafogo.

O elenco se renovava com a chegada de jovens talentos, como Clodoaldo, que jogaria ao lado de Pelé de 1967 a 1974, e o ponta-esquerda Edu, que permaneceria no Santos entre 1966 e 1976 – ambos nasceram em 1949, nove anos depois do Rei. "No convívio com os mais jovens, o Pelé nos tratava de igual para igual. Eu acho que era uma forma de retribuir o que os mais velhos haviam feito por ele quando chegou ao Santos. Aliás, ele tratava a todos com muita cortesia. Até hoje é assim. Cumprimenta, dá autógrafo, sempre simpático. Ele sabe ser Pelé", contou Edu.

Desde Dondinho, o mundo da família de Pelé girava em torno do futebol, tendência que só aumentou com a coroação do primogênito como Rei do Futebol. Sua irmã Maria Lúcia casou-se naquele ano de 1967 com Davi, também jogador, que atuava pelo Cruzeiro. Padrinhos, Pelé e Rose presentearam os noivos com uma geladeira. Dois anos depois, Davi, habilidoso atacante que atuava preferencialmente como ponta-direita, chegou a ser contratado pelo Santos e jogou ao lado do cunhado. Após a aposentadoria, ele trabalhou nos negócios de Pelé e sempre ajudou Maria Lúcia a cuidar de dona Celeste.

No dia 10 de novembro de 1968, houve um marcante encontro de realezas: a rainha Elizabeth II, da Inglaterra, foi a presença ilustre no amistoso entre as seleções paulista e carioca, realizado no Maracanã lotado. Durante o planejamento da visita ao Brasil, a própria rainha fez questão de pedir para ver Pelé em ação. O espetáculo tornou-se completo quando o Rei fez um lindo gol, chutando de primeira ao receber um cruzamento. Com a vitória dos paulistas por 3 a 2, o troféu em disputa naquela partida foi recebido por Pelé das mãos da rainha, cena que percorreu o mundo.

Em 1969, depois de três anos em que viu o posto ser ocupado por outros jogadores – Toninho Guerreiro (Santos), Flávio (Corinthians) e Téia (Ferroviária) –, Pelé voltou ao topo da artilharia do Campeonato Paulista, com 26 gols anotados. Era a décima vez que ele alcançava tal feito, tornando-se o recordista absoluto ao superar as nove conquistas de Friedenreich.

Naquele mesmo ano de 1969, houve o célebre caso da "guerra que o Rei parou". Durante uma excursão pela África, no início do ano, o Santos foi jogar na Nigéria, que passava por um conflito civil em decorrência das pretensões separatistas da região de Biafra. Diz a lenda, nunca plenamente confirmada, que um cessar-fogo teria sido acertado entre as partes para que todos pudessem desfrutar tranquilamente da presença de Pelé.

Ele se consolidava cada vez mais como um astro pop, com influência nos mais diversos setores da sociedade, além do esporte. Um exemplo foi o contrato que assinou com a TV Excelsior para atuar como ator, com direito a salário fixo durante dois anos.

Nesse período, Pelé participou da novela *Os Estranhos*, ficção científica embalada por um dos assuntos mais falados da época, a expectativa pela chegada do homem à Lua, o que ocorreria no dia 20 de julho de 1969. O grande elenco contava com estrelas como Regina Duarte, Gianfrancesco Guarnieri, Carlos Zara, Rosamaria Murtinho e Stênio Garcia. O personagem de Pelé era um escritor de romances policiais que havia feito contato com seres de outros planetas e passara a atuar como intermediário da aproximação dos ETs com a humanidade.

Ao mesmo tempo que vivia inusitadas experiências como ator, Pelé continuava se dedicando ao futebol e fazendo muitos gols. Com isso, o tão aguardado gol 1.000 estava se tornando cada vez mais próximo. No dia 22 de outubro de 1969, véspera do aniversário de 29 anos, ele marcou duas vezes na vitória do Santos sobre o Coritiba por 3 a 1, chegando a 995 gols na carreira.

A partir daí, a expectativa pelo milésimo gol tornou-se o grande tema da cobertura esportiva do país. Demorou ainda quase um mês para que a marca inédita no futebol mundial fosse finalmente alcançada, o que fez surgir até um burburinho sobre uma certa "maldição do gol 1.000".

Foi no dia 19 de novembro de 1969, no Maracanã. O adversário era o Vasco, que certamente não estava interessado em entrar para a história como o time que levou o milésimo gol de Pelé. Parecia que iria escapar desse destino ingrato, até que Clodoaldo acertou um belo lançamento para o Rei, derrubado dentro da área ao dominar a bola. O goleiro Andrada lamentou profundamente não ter defendido o pênalti cobrado por Pelé aos 34 minutos do segundo tempo.

– Antes de cobrar o pênalti, eu tremi, senti uma fraqueza nas pernas, coisa que raramente tinha acontecido daquele jeito ao longo da minha carreira – descreveu Pelé. – Quando a bola saiu e percebi que o Andrada tinha pulado pro canto certo, achei que ele ia defender. Mas entrou bem no cantinho, e foi aquela explosão no estádio.

Iniciou-se uma grande festa. Cercado por jornalistas, o craque deu uma volta olímpica que paralisou o jogo por vinte minutos. Ele dedicou o gol às "criancinhas do Brasil", pedindo providências para que todas tivessem acesso à educação e pudessem, assim, permanecer a salvo da marginalidade. Foi acusado por alguns de demagogia.

– O tempo mostrou que eu estava certo em tocar nesse assunto, pois a violência de hoje é reflexo do descuido daquele tempo – disse Pelé durante a nossa conversa.

Ele contou também que o discurso após o milésimo gol foi inspirado numa cena que presenciara algumas semanas antes em Santos. Ao flagrar e repreender meninos tentando furtar objetos de carros estacionados, ele ouviu a seguinte justificativa: "Pode deixar, que a gente só mexe em carros com placas de São Paulo, não daqui".

Aproximava-se mais uma Copa, a de 1970. A decepção de 1966 estava superada e Pelé não falava mais em desistir de participar da competição. João Saldanha, técnico do Botafogo, foi escolhido para comandar a seleção nas eliminatórias, uma decisão surpreendente. Em primeiro lugar, porque não se tratava de um técnico com longa carreira, já que durante muitos anos Saldanha atuara como jornalista. Além do mais, ele era um reconhecido simpatizante do comunismo, e o Brasil estava vivendo sob ditadura militar. "Gostei da indicação do Saldanha porque ele é um homem independente, que escala o time e faz as alterações que realmente deseja, pois não teme ninguém", afirmou Pelé à época.

Saldanha demonstrou capacidade de liderança e esperteza para evitar um dos grandes erros cometidos na fase de preparação para a Copa anterior: a indefinição. Anunciou de imediato quais seriam os seus 11 titulares iniciais. Pelé, claro, estava entre eles.

Os resultados positivos nas eliminatórias foram dando confiança ao trabalho de Saldanha, que conquistava o povo brasileiro. Os dois primeiros jogos foram vitórias fora de casa sobre a Colômbia (2 a 0, em Bogotá, com dois gols de Tostão) e a Venezuela (5 a 0, em Caracas, com mais três de Tostão e dois de Pelé).

Na permanência da seleção em Caracas, a polícia local afirmou ter descoberto um plano para o sequestro de Pelé – que, em decorrência disso, foi mantido sob intensa vigilância antes da partida. Teria sido uma tentativa de desestabilizar o craque? Se foi, não deu muito certo.

Mesmo com mais três vitórias na sequência (3 a 0 sobre o Paraguai, em Assunção, 6 a 2 na Colômbia e 6 a 0 na Venezuela, ambas as partidas realizadas no Maracanã), a Seleção Brasileira ainda não tinha sua classificação matematicamente assegurada antes da partida final do grupo, contra o Paraguai, marcada também para o Maracanã. A vaga só escaparia, contudo, com uma derrota catastrófica por dez gols, pois o Paraguai obtivera vitórias bem menos elásticas sobre os mesmos adversários que o Brasil goleara.

Além de confirmar a classificação para a Copa, algo que certamente não seria nenhum problema, a vitória era considerada importante para a autoestima do grupo. Naquele 31 de agosto de 1969, o Maracanã registrou o seu maior público oficial: 183.341 pagantes. Mesmo assim, o Paraguai não estava disposto a facilitar as coisas e segurou o empate sem gols até os 22 minutos do segundo tempo, quando Pelé aproveitou o rebote de um chute de Edu e fez o único gol da partida.

Chegou, então, o ano da Copa. Diferentemente do que ocorre hoje, em que o tempo de preparação para a competição é bem reduzido, os jogadores convocados ficaram à disposição da Seleção Brasileira com quatro meses de antecedência. Além disso, todos os convocados para a Copa de 1970 atuavam em clubes brasileiros, bem diferente do que ocorre nas circunstâncias atuais.

Havia uma grande diversidade, com onze clubes envolvidos. Com cinco representantes, o Santos era o clube com maior participação no grupo de 22 atletas: além de Pelé, os laterais Carlos Alberto Torres e Joel, o meia Clodoaldo e o atacante Edu. Cruzeiro (MG) e Botafogo (RJ) tiveram três convocados cada, Palmeiras (SP), Corinthians (SP) e Fluminense (RJ) contribuíram com dois atletas e São Paulo (SP), Flamengo (RJ), Atlético Mineiro (MG), Grêmio (RS) e Portuguesa (SP) cederam um jogador.

Em março, os convocados se apresentaram para a concentração no Retiro dos Padres Jesuítas, no bairro de São Conrado, no Rio de Janeiro. Ali, iniciaram um forte trabalho de preparação física liderado por Carlos

Alberto Parreira, que depois viria a se tornar um técnico de sucesso, campeão pela Seleção na Copa de 1994.

Nos primeiros amistosos de preparação para a Copa, João Saldanha não ficou muito satisfeito com o desempenho de Pelé. Falou até em tirá-lo do time titular – o que não caiu bem entre os demais jogadores e entre o povo brasileiro em geral.

Faltando três meses para o início da competição, o planejamento detalhado foi abalado pela demissão de Saldanha, resultado de uma soma de motivos. A ameaça contra Pelé pode ter contribuído, mas a gota d'água teria sido a resistência do técnico em convocar o centroavante Dario, o Dadá Maravilha, do Atlético Mineiro, o jogador preferido do presidente Emílio Médici. "Ele escala o Ministério e eu escalo a Seleção", respondeu Saldanha, pouco antes da demissão, quando perguntado a respeito numa coletiva de imprensa.

O cargo de técnico foi ocupado por Zagallo, que havia atuado na seleção nas Copas de 1958 e 1962. Era um velho conhecido de Pelé, muito respeitado pelo Rei, que sempre dizia que o mais importante para um treinador era ser parceiro dos jogadores. A missão de Zagallo, reconquistar a confiança do elenco e da torcida, começou muito bem, com uma goleada de 5 a 0 sobre o Chile, no Morumbi, em São Paulo. Os dois últimos gols foram anotados por Pelé.

Foi durante a fase de preparação para a Copa que Rose descobriu estar novamente grávida. Pelé comemorou a novidade, mas deixava claro quanto estava focado na missão de trazer o tricampeonato para o Brasil. "Mesmo que me avisem que meu pai morreu, não saio daqui sem ser campeão do mundo", ele declarou, após chegar ao México. Escolheu o pai como exemplo justamente porque todos conheciam sua devoção a Dondinho.

A estreia na Copa, no dia 3 de junho, foi uma vitória tranquila e convincente sobre a Checoslováquia, por 4 a 1, com Pelé fazendo um dos gols. A partida ficou marcada, também, pelo famoso chute de trás do meio-campo que passou raspando pela trave – um dos três famosos "gols que Pelé não fez" daquela competição. Os outros seriam a defesa acrobática do goleiro inglês Gordon Banks numa cabeçada do Rei (proeza que ficou conhecida como "a defesa do século") e o drible de corpo no goleiro do Uruguai, Mazurkiewicz, seguido por uma finalização que, mais uma vez, passou a centímetros do gol.

A partida contra a Inglaterra, segundo jogo do Brasil na Copa, foi vencida com um gol do centroavante Jairzinho. No encerramento da primeira fase, a seleção derrotou a Romênia por 3 a 2, com dois de Pelé e mais um de Jairzinho, que alcançaria a proeza de deixar sua marca de artilheiro em todos os seis jogos da seleção naquela Copa.

Nas quartas de final, o Brasil superou por 4 a 2 o Peru, dirigido pelo brasileiro Didi, velho conhecido e amigo de vários jogadores da Seleção Brasileira. A semifinal contra o Uruguai trouxe à mente de Pelé as lembranças da fatídica derrota no final da Copa vinte anos antes, quando viu o pai chorar pela primeira e única vez. Resultado: vitória brasileira por 3 a 1 – poderia ter sido 4 a 1, se a bola caprichosamente não tivesse se recusado a entrar depois do fantástico drible de corpo de Pelé sobre o goleiro.

A grande final foi marcada para 21 de junho, um domingo de sol na Cidade do México. O adversário seria a Itália, que também tinha conquistado duas Copas até então. O campeão se tornaria, portanto, o primeiro tri da história.

Muita responsabilidade até mesmo para quem era visto como um super-homem. Pelé confirmou o que Clodoaldo havia me contado sobre a crise repentina de choro no ônibus a caminho da final de 1970. Lembrou que ele até tentou esconder dos companheiros, mas alguns perceberam. Para ele, aquela catarse foi provocada pelo receio que vinha sentindo de se machucar, reflexo do trauma acumulado nas Copas anteriores.

– Chegando ao estádio, eu melhorei. Aí segui o meu ritual. Todo mundo começou a colocar a roupa, procurei a sala de massagem e fiquei lá, como sempre fazia. Isso ajudava a me acalmar, sair do burburinho e me concentrar pro jogo – contou Pelé.

Ele sabia que o resultado daquela partida, acompanhada por um bilhão de pessoas ao redor do planeta, seria decisivo para estabelecer seu lugar na história. Aos 18 minutos do primeiro tempo, o Rei aproveitou um cruzamento de Rivellino e abriu o placar com uma cabeçada fulminante. No entanto, a Itália chegaria ao empate aos 37 minutos, determinando a igualdade no placar ao término da etapa inicial.

O segundo tempo seria brasileiro. Gerson colocou a seleção em vantagem aos 21 minutos e Jairzinho ampliou pouco depois, aos 25, com passe de Pelé. A consagração definitiva daquela equipe viria com o quarto gol, aos 41 minutos, uma obra de arte coletiva que se tornou um dos momentos mais marcantes das Copas. Ao final de uma longa e envolvente troca de passes que começou com quatro dribles consecutivos de Clodoaldo no campo de defesa, Pelé nem precisou olhar para pressentir a chegada do lateral Carlos Alberto Torres. Rolou suavemente a bola para o chute firme do companheiro do Santos.

Os mexicanos, que tinham escolhido torcer pela Seleção Brasileira na final, invadiram o gramado, em êxtase. A conquista incontestável do tricampeonato, com atuações esplêndidas do camisa 10, o consolidaram de vez como o maior jogador de todos os tempos – o único, até hoje, a vencer três Copas do Mundo. Naquela Copa, dos 19 gols feitos pelo Brasil, ele marcou quatro e deu assistência para outros seis. "Pelé, cidadão do mundo", estampou a edição da revista *Manchete* comemorativa do tricampeonato, que também trazia uma série de anúncios estrelados pelo Rei.

Aproveitando que estava vivendo o auge da carreira e do prestígio, ele pediu uma audiência com o presidente Médici para discutir as condições de trabalho dos jogadores de futebol. Era mais uma evidência de que Pelé não se alienava das questões coletivas, uma das críticas injustas que costumava receber. Ao contrário, sempre demonstrou grande preocupação com a categoria profissional à qual pertencia. O craque havia tido um exemplo muito próximo de jogador desamparado: o próprio pai, Dondinho, que durante dez anos precisou jogar com o joelho machucado, sem desfrutar do tempo adequado para recuperação, pois era remunerado por partida disputada e precisava sustentar a família.

Quando Pelé se tornou jogador profissional e passou a ter a responsabilidade de contribuir para o orçamento doméstico, as lembranças do que aconteceu com o pai transformavam o medo de se machucar em um fantasma permanente, ainda mais com o excesso de partidas da época. Muitas vezes a imprensa criticava o esforço ao qual Pelé era submetido. "Quando se tem uma joia caríssima, ela não é para ser levada a todas as festas", comparou a revista *Gazeta Ilustrada*.

Para se aprofundar no entendimento sobre as questões coletivas, Pelé se reuniu com o polêmico Afonsinho, líder da luta por melhores condições de trabalho. Simpatizante declarado do comunismo, Afonsinho era um rapaz esclarecido e estudado, que conciliava o futebol com o curso de Medicina, profissão que seguiria após pendurar as chuteiras.

Em 1970 e 1971, Afonsinho ficou "encostado" no Botafogo do Rio, por vários meses, porque os dirigentes exigiam que ele retirasse a barba e cortasse os cabelos compridos. Foi o estopim para que Afonsinho iniciasse um processo judicial para livrá-lo da amarra imposta pela chamada "Lei do Passe", vigente à época. Tornou-se o primeiro jogador a conquistar o direito ao passe livre. Depois desse episódio, Afonsinho foi contratado pelo Santos em 1972, com aval de Pelé.

O Rei teria a oportunidade de agir efetivamente em benefício da categoria mais de duas décadas depois. Ministro dos Esportes do governo de Fernando Henrique Cardoso, cargo que ocupou entre 1995 e 1998, ele viabilizou a aprovação daquela que se tornou conhecida como Lei Pelé. Trata-se de um marco de profissionalismo e transparência na gestão dos esportes. Uma das mudanças mais significativas foi justamente a extinção da Lei do Passe, que muitas vezes tornava o atleta refém do vínculo com um clube, como havia ocorrido com Afonsinho. A partir da Lei Pelé, iniciou-se uma fase de maior equilíbrio nas negociações entre jogadores e dirigentes.

Em 27 de agosto de 1970, pouco mais de dois meses depois da final da Copa, nasceu Edinho, o segundo filho de Pelé. Era um momento de plenitude para o Rei, na família e na profissão. O mais incrível era que, depois de tudo que havia vivido no tricampeonato do México, ele continuava encontrando motivação para jogar pelo Santos, com o entusiasmo e a dedicação de um iniciante.

Pensando no futuro, Pelé queria dar sequência aos estudos. Ele havia parado no primário (atual ensino fundamental) para se dedicar ao futebol. Em meio aos jogos, conseguiu fazer o supletivo, concluindo tudo que faltava para se habilitar ao vestibular de Educação Física. Era um desejo incentivado pelo professor Júlio Mazzei, que trabalhou muitos anos como preparador físico do Santos e se tornou amigo e um dos principais conselheiros do Rei. Para ajudá-lo a se tornar um verdadeiro "cidadão do mundo", Mazzei dava-lhe aulas de inglês e de espanhol.

Aprovado no vestibular, o Rei iniciou o curso na Faculdade de Santos, esforçando-se ao máximo para estar presente nas aulas e para realizar as tarefas em meio aos inúmeros compromissos como jogador do Santos e como garoto-propaganda. Àquela altura, depois da conquista do tri, os contratos de publicidade haviam se multiplicado. Ele aparecia em comerciais na TV, no rádio, nos jornais e nas revistas, para as mais diversas marcas e produtos, desde Gillette até as bicicletas Monark, passando pelas pilhas Rayovac e pela Ducal Ternos.

Era nesse meio, do marketing, que ele planejava atuar depois de pendurar as chuteiras. Não cogitava seguir carreira como técnico de futebol, pois sabia muito bem quanto essa carreira poderia ser ingrata – e, de certa forma, até diminuir o brilhantismo que ele conquistara como jogador.

Em 1971, Pelé decidiu que havia chegado o momento de se despedir da seleção. Continuaria jogando pelo Santos, mas a camisa amarela iria se tornar apenas uma bela lembrança. A ideia era sair no auge e ainda bem distante do ciclo da Copa seguinte. Deixaria claro, assim, que não deveria estar nos planos de ninguém para a Copa de 1974, a ser realizada na Alemanha.

Seriam dois amistosos de despedida da seleção, um em São Paulo e outro no Rio. No primeiro, empate contra a Áustria de 1 a 1 no Morumbi, com gol de Pelé, substituído no intervalo. Contra a Iugoslávia, no Maracanã abarrotado, ele também só atuou no primeiro tempo, sem balançar as redes. O resultado foi um empate de 2 a 2. Ao final da partida, o maior craque de todos os tempos ouviu, emocionado, o apelo da torcida: "Fica!" "Fica!" "Fica!".

Era um tempo de mudanças também no Santos, que continuava em dificuldades financeiras. O histórico presidente Athiê Coury deixou o cargo, que ocupava desde 1945. Ele havia entrado na presidência aos 40 anos e estava saindo aos 66, ponto-final de uma trajetória repleta de títulos e de glórias para o clube. A extensa e vitoriosa era Pelé no Santos fez parte de uma fase ainda mais longa, a era Athiê Coury.

O Campeonato Nacional de Clubes de 1971 foi um choque de realidade para o Santos. Nas 21 partidas que Pelé realizou pela competição, criada naquele ano para substituir o Torneio Roberto Gomes Pedrosa, ele fez apenas um gol, no empate de 1 a 1 contra o Corinthians, no Pacaembu. O Santos terminaria em 9º lugar entre os 20 clubes participantes, com nove vitórias, nove empates e sete derrotas, uma campanha mediana.

Tendo agora como técnico Mauro Ramos de Oliveira, ex-zagueiro que, ao lado de Pelé, participara das Copas de 1958 e 1962 – foi o capitão que levantou a taça do bicampeonato brasileiro –, o time era apenas uma sombra do que costumava ser. Anotou apenas 24 gols nos 25 jogos realizados na competição, média abaixo de um gol por partida. Pelé fechou o ano de 1971 com apenas 31 gols assinalados em 74 jogos, uma queda brusca em sua média histórica pessoal.

Em 1972, durante uma excursão do Santos que passou pelos Estados Unidos, Pelé foi procurado por um dirigente do Cosmos. Era um clube de Nova York que pertencia à Warner, um dos maiores grupos de comunicação do mundo. Ali o Rei tomou conhecimento de um projeto ambicioso para popularizar o *soccer* nos Estados Unidos, e levá-lo para atuar no campeonato local era parte essencial do plano.

O contato foi estreitado no ano seguinte, durante nova presença do Santos nos Estados Unidos. Nessa ocasião, mais do que nunca, Pelé foi tratado como uma grande celebridade, com direito a ser recebido pelo presidente Richard Nixon e dar entrevista ao programa de Johnny Carson, o mais famoso *talk show* do país à época.

O Cosmos apresentou uma proposta oficial para o período posterior ao encerramento do contrato de Pelé com o Santos, que estaria vigente até 4 de outubro de 1974. Até Henry Kissinger, o poderoso secretário de Estado do governo norte-americano, grande fã do Rei do Futebol, comprometeu-se a emprestar seu prestígio para viabilizar a contratação do craque.

O ano de 1973 foi muito bom para Pelé. Mesmo já considerado veterano, num Santos sem tantas estrelas e em meio a um futebol que se tornava progressivamente mais defensivo – os placares elásticos de outrora se tornavam cada vez mais raros –, ele fez 53 gols nos 67 jogos que disputou.

O destaque da temporada foi a boa campanha do Santos no Campeonato Paulista. O clube chegou à final contra a Portuguesa no dia 26 de agosto. Depois de um persistente empate sem gols no tempo normal e na prorrogação, a decisão do título se daria pela cobrança de pênaltis. O Santos vencia por 3 a 1, com duas cobranças ainda restantes para cada equipe, quando o árbitro Armando Marques – sempre ele – fez confusão e encerrou a partida, como se o Santos tivesse sido campeão. Havia ainda uma remota possibilidade de reversão por parte da Portuguesa. Os jogadores do Santos não perceberam o erro e iniciaram a festa em campo, enquanto os da Portuguesa, espertamente, se retiraram rapidamente do gramado. A decisão posterior foi declarar ambas as equipes campeãs.

Pelé retomara a boa fase – fez 11 gols na competição, sendo o artilheiro do Campeonato Paulista pela 11ª vez em sua carreira. O Rei estava decidido a parar de jogar no ano seguinte, ao final do contrato com o Santos. Mas 1974 era ano de Copa e começou uma grande pressão para que ele aceitasse participar da competição, embora já tivesse anunciado que não iria à Alemanha. Considerava ter chegado ao auge em 1970. Sentia o velho receio de contusão e sabia que um eventual insucesso na Copa reduziria o brilho de sua carreira.

– Na verdade, num determinado momento, cheguei a ficar um pouco em dúvida, porque eu estava bem no Santos, num bom momento técnico e físico – confessou Pelé.

No final das contas, apesar dos apelos, que incluíram o presidente Médici e o seu sucessor, Ernesto Geisel, além da oferta de dinheiro por empresas brasileiras e pela própria organização da Copa, Pelé decidiu não participar da competição. Sem Pelé, o Brasil chegou ao 4º lugar. Muita gente ficou com a sensação de que, com ele, a seleção poderia ter conquistado o título. Mas, como o "se" não joga...

E o dia da despedida do Santos chegou. Em 2 de outubro de 1974, três semanas antes de completar 34 anos, Pelé fez sua última partida pelo Santos. Aos 22 minutos da vitória por 2 a 0 sobre a Ponte Preta, na Vila Belmiro, pelo Campeonato Paulista, ele se ajoelhou no gramado. Partiu para uma volta olímpica, em meio à enorme comoção de todos os presentes no campo e nas arquibancadas. Foi seguido pelos jornalistas e por torcedores que invadiram o gramado para celebrar ao lado do Rei.

"Quando o primeiro torcedor a chegar perto dele tentou tirar-lhe a camisa, firmemente segura pela mão direita, defendeu-a como se fosse a coisa, a joia, o troféu, o bem mais precioso entre os tantos que conseguiu na vida. Falou duro e passaria aos gritos, se fosse preciso. 'Esta não. Esta é minha'", descreveu a revista *Placar*. Encerrava-se ali a mais bela história entre um jogador e um clube de futebol, e aquela camisa era o símbolo físico desse momento.

Pelé realmente planejava pendurar as chuteiras, mas o assédio dos norte-americanos aumentou. As negociações se estenderam por mais alguns meses e ele acertou um contrato com o Cosmos, incentivado pelo irmão Zoca e pelo amigo Júlio Mazzei – que, por causa da ligação com Pelé, alguns anos depois acabaria sendo contratado como técnico do próprio Cosmos.

Pelé chegou aos Estados Unidos em junho de 1975, com ampla cobertura da mídia. Ao mesmo tempo que fazia sucesso nos campos, sua imagem se multiplicava em anúncios para as mais diversas marcas, e ele começou a participar ativamente do mundo do *show business* em Nova York.

Foi apresentado às maiores personalidades das artes, como Steven Spielberg, Michael Jackson e Andy Warhol. O famoso artista plástico, criador da teoria de que tudo se tornaria tão fugaz no futuro que todos teriam 15 minutos de fama antes de voltar ao anonimato, esclareceu que isso não valeria para Pelé. "Ele é um dos poucos a contrariar a minha teoria: terá 15 séculos de fama", disse Warhol.

Depois de uma primeira temporada de adaptação, em que o Cosmos era ainda uma equipe em formação e Pelé jogou mais recuado, como "cérebro" do meio-campo, o craque começou o ano de 1976 decidido a conduzir o clube ao título nacional. Dedicava-se aos treinos com entusiasmo, servindo de exemplo aos jovens em início de carreira.

Nas 13 primeiras partidas da temporada, ele fez 13 gols e o time conquistou oito vitórias. No dia 10 de agosto, aconteceu o gol de bicicleta que se tornou uma das imagens mais marcantes da sua passagem pelo futebol dos Estados Unidos. Posicionado nas proximidades da marca do pênalti, ele recebeu um cruzamento da direita e realizou com perfeição a acrobacia. O placar daquela partida foi uma goleada de 8 a 2 sobre o Miami Toros.

O Cosmos não conseguiu, contudo, chegar ao título em 1976. A última oportunidade seria no ano seguinte, temporada final do contrato de Pelé com o clube. Àquela altura, o público médio das partidas do campeonato já havia quase dobrado depois da chegada do craque, passando de 7.597 para 13.584 pessoas por partida. Ainda mais importante que isso era o fato de que, praticado nas escolas tanto por meninos quanto por meninas, o *soccer* vinha se tornando um esporte popular entre as crianças dos Estados Unidos.

Reforçado por outros grandes nomes do futebol mundial em final de carreira – como o histórico parceiro Carlos Alberto Torres, o alemão Beckenbauer e o italiano Chinaglia –, o Cosmos consolidou-se como a principal força do futebol norte-americano. No dia 15 de maio, Pelé voltou a viver a experiência de marcar três gols numa mesma partida, a vitória por 3 a 0 sobre o Fort Lauderdale Strikers. Essa mesma proeza se repetiria em duas outras ocasiões naquele campeonato – a vitória com o mesmo placar sobre o Tampa Bay Rowdies e os 5 a 2 sobre o Los Angeles Aztecs.

Foi nessa fase, em que o momento da despedida definitiva de Pelé se aproximava cada vez mais, que o desenhista Mauricio de Sousa lançou Pelezinho. O personagem se tornaria um dos integrantes mais populares da Turma da Mônica, reconhecimento ao sucesso que o craque sempre fez entre a criançada.

O tão esperado título do Cosmos chegou no dia 28 de agosto, na vitória por 2 a 1 sobre o Seattle Sounders, em Portland. Carregado nos ombros pelos companheiros de time, Pelé foi reconhecido não apenas como o líder que conduzira a equipe àquela conquista, mas como o grande responsável pela popularização que o *soccer* vinha experimentando nos Estados Unidos.

Com sua última grande missão como jogador devidamente cumprida, chegou o momento de pendurar as chuteiras de vez. O último jogo de Pelé foi um amistoso contra o Santos, disputado em 1º de outubro de 1977, poucas semanas antes do Rei completar 37 anos. No discurso antes da partida, disputada no Grants Stadium, em Nova York, Pelé pediu às 75 mil pessoas presentes que repetissem com ele, três vezes, a palavra "love". A partida foi vencida por 2 a 1 pela equipe norte-americana, com Pelé jogando o primeiro tempo pelo Cosmos (fez um gol de falta) e o segundo tempo pelo Santos.

Naquele ano, Pelé participou do especial de fim de ano de Roberto Carlos – os dois cantaram juntos a canção "Meu mundo é uma bola". O Rei do Futebol começou a compor ainda durante a carreira de jogador e havia estabelecido parcerias com outros grandes nomes da música brasileira. O cantor Jair Rodrigues gravou "Criança de Deus", canção de ninar inspirada no nascimento da primeira filha de Pelé, Kely, em 1967. Pelé também participou das gravações de um disco com Elis Regina, considerada a maior cantora do Brasil à época. Duas das faixas, "Perdão não tem" e "Vexamão", eram composições dele.

Ao final do meu mergulho na vida e na obra daquele homem-mito, eu percebia claramente que a divisão que ele havia feito de si mesmo em duas partes incluía a definição clara dos papéis. Pelé era a faceta quase perfeita, divina. Já Edson era o ser humano, bem mais suscetível a erros. Foi como Edson, já depois de ter encerrado a carreira, que ele cometeu aquele que as pessoas consideram seu grande vacilo: a tumultuada relação com a filha que ele se recusou a reconhecer, Sandra Regina, nascida em 1964.

Pelé me disse que o problema foi a forma como Sandra Regina e a mãe se aproximaram, que ele considerou agressiva. Muita gente achou inaceitável a resistência dele em reconhecer a filha, por causa principalmente da inegável semelhança física. Quando Sandra adoeceu de câncer, vindo a falecer em 2006, aos 42 anos, a condenação de Pelé pela opinião pública em relação ao tema se tornou praticamente irreversível.

Em sua defesa, ele alegava ter ótima relação com outra filha que só conheceu depois de adulta, a fisioterapeuta Flávia, fruto de um *affair* durante uma passagem por Porto Alegre. Flávia só soube quem era o seu pai aos 18 anos, pois a mãe queria que ela tivesse maturidade para entender a situação. Pelé contou que a relação com Flávia foi boa desde o primeiro encontro, em 1994. Só em 2002, quando alguém da imprensa descobriu a existência dela, a história se tornou pública e uma entrevista coletiva foi convocada para confirmá-la.

– A Flávia entrou na minha vida sem estardalhaço e pudemos conversar com calma, nos conhecer, criar uma relação bacana. A gente passou a se ver sempre que possível. Não sentíamos a necessidade de tornar a história pública. Ela não era uma filha secreta, e sim uma filha discreta.

Naquele ano de 2013 em que conversávamos, Pelé havia enfrentado uma delicada cirurgia no quadril, desgastado por tantos anos de atividade esportiva extrema. Era Flávia quem cuidava das sessões de fisioterapia.

A evolução do futebol, nos mais diversos aspectos, certamente deve muito a Pelé. Na época em que ele começou a jogar, as condições eram infinitamente mais complicadas do que as de hoje. Os campos eram irregulares, a bola pesada, as chuteiras davam calo, não havia os cartões amarelo e vermelho para os árbitros punirem a violência dos adversários, as viagens eram mais demoradas, os recursos da medicina eram menos avançados. Essa lista poderia seguir por muitas e muitas linhas.

Frequentemente ouvimos alguém argumentar que Pelé só se destacou porque, naquele tempo, o futebol era mais lento e a diferença técnica entre os clubes era maior. Mais justo é usar a imaginação no sentido inverso: o que faria Pelé hoje, com os gramados perfeitos e tudo que evoluiu desde a época dele? Tive a resposta do próprio Rei:

– O Pelé seria ainda mais Pelé hoje. Agora tá muito mais fácil pro craque demonstrar todo o seu potencial. Não há tantas dificuldades como na minha época. Pra você ter uma ideia, o nosso preparo físico era na base de subir correndo os degraus da arquibancada da Vila Belmiro.

Vez ou outra, ao longo daquela tarde de conversa, eu me dava conta de que estava diante de um homem extremamente famoso em todo o planeta havia mais de meio século. Curiosamente, Pelé considerava que sua fama não havia começado a partir da atuação como jogador de futebol – enfatizava que, em Bauru, já convivia desde pequeno com o reconhecimento público por ser filho de Dondinho.

Achei bonito ele comparar, de forma até ingênua, sua imensa fama mundial à condição de filho de Dondinho em Bauru. Era mais uma demonstração da grande devoção ao pai, figura que se mantinha muito presente para Pelé, mesmo duas décadas depois de sua morte. Percebi que lembrar das histórias dos tempos em que o pai era vivo fazia bem a ele – uma forma de iludir a imensa saudade que sentia de Dondinho.

Três anos depois do final da carreira, Pelé ganhou o título de "Atleta do Século" em uma votação promovida pelo jornal esportivo francês *L'Équipe*. A publicação convidou jornalistas de todo o mundo para participar da escolha. Seria mais um epíteto que Pelé carregaria pelo resto da vida, com força equivalente ao tradicional "Rei do Futebol".

O Rei voltaria a atuar em algumas partidas festivas ou beneficentes. No dia 6 de abril de 1979, por exemplo, participou de um amistoso entre Flamengo e Atlético Mineiro, com a renda destinada às vítimas das enchentes que assolavam Minas Gerais, seu estado natal. O público compareceu em peso, com quase 140 mil ingressos vendidos.

Zico, o grande craque da história do Flamengo, usou a camisa 9 para ceder a 10 a Pelé – um momento certamente inesquecível para os torcedores do clube, que tiveram a oportunidade de ver o Rei em campo com o uniforme rubro-negro. "Estou emocionado, não tenho palavras pra agradecer tanta ajuda àqueles que estão necessitados lá em Minas", ele disse nas entrevistas antes da partida.

Os jogadores levaram o amistoso a sério – afinal, eram duas das equipes mais fortes do futebol brasileiro à época. O Atlético tinha estrelas como Dadá Maravilha, Toninho Cerezo e Paulo Isidoro. O clube mineiro saiu à frente no placar. Quando o Flamengo perdia e Tita sofreu um pênalti, o estádio em peso e os companheiros em campo pediram a Pelé que cobrasse, mas ele fez questão de deixar para Zico a oportunidade de empatar o placar – o que de fato ocorreu. Pelé foi substituído por Luisinho no intervalo, quando o jogo estava em 1 a 1. No segundo tempo, o Flamengo ampliou para 5 a 1.

Depois da aposentadoria dos gramados, Pelé continuou em evidência, por diversas razões. Entre elas, os relacionamentos amorosos, dos quais o mais famoso envolveu a então jovem modelo Maria da Graça Meneghel, a Xuxa. Eles começaram a namorar em 1980, quando ela tinha 17 anos, e ele, aos 40, havia se separado de Rose. Conheceram-se durante a produção de uma foto para a capa da revista *Manchete*, em que Pelé apareceu de *smoking* ao lado de quatro modelos – além de Xuxa, Luiza Brunet era outra delas.

Aquela edição trazia uma entrevista em que o Rei celebrava a vida de solteiro. "Minha liberdade vale ouro", dizia a chamada de capa. Pelé e Xuxa ficaram juntos por seis anos, separando-se no período em que ela começou a se destacar na TV como apresentadora de programas infantis.

Pelé voltou a vestir a camisa da seleção em 1983, no "Jogo da Solidariedade", realizado no Estádio Serra Dourada, em Goiânia, em prol das vítimas das enchentes em Santa Catarina. Aos seis minutos do primeiro tempo, ele fez um gol de falta, o único da seleção na derrota para o combinado do Sul por 2 a 1. Foi substituído no intervalo.

Em 1990, Pelé mais uma vez matou a saudade dos torcedores ao participar de um amistoso em celebração ao seu aniversário de 50 anos: Seleção Brasileira contra Seleção do Resto do Mundo, em Milão, na Itália. Quatro meses depois da eliminação para a Argentina na Copa, o Brasil iniciava um período de renovação e testes. A escalação dos selecionados pelo técnico Paulo Roberto Falcão tinha poucos jogadores que consolidariam uma carreira de primeiro nível, como Leonardo, César Sampaio e Cafu.

Do outro lado, estrelas como o holandês Van Basten, o camaronês Roger Milla e o búlgaro Stoichkov. Mesmo enfrentando profissionais em plena atividade, mais de treze anos depois de pendurar as chuteiras, Pelé teve uma atuação surpreendente, correndo e participando ativamente da partida durante quase todo o primeiro tempo. Isso porque ele havia se preparado intensamente: treinou todos os dias durante um mês, período em que perdeu os seis quilos que havia ganho desde a aposentadoria. Aos 42 minutos da etapa inicial, o Rei foi substituído por Neto, que anotaria o único gol brasileiro na derrota por 2 a 1.

A vida de solteiro chegou ao fim em 1994. Naquele mesmo ano em que a seleção conquistava o tetracampeonato na Copa dos Estados Unidos – evento que teve Pelé como um dos grandes divulgadores, em razão da sua ligação com o país –, ele se casou com a cantora evangélica Assíria Seixas, vinte anos mais jovem. A cerimônia foi em Recife, cidade em que ela havia sido criada. Da união, que duraria 14 anos, nasceram os gêmeos

Celeste e Joshua, em 1996. Pelé também criou uma relação profunda com Gemima, filha do primeiro casamento de Assíria, que tinha 3 anos e a quem ele trataria como filha pelo resto da vida, mesmo depois de separar-se de Assíria.

Em 2005, Pelé concedeu uma entrevista histórica a Maradona, na estreia do talk show *La Noche del 10*, comandado pelo ídolo argentino. Falando um bom espanhol, o eterno craque brasileiro respondeu a algumas perguntas delicadas, como aquela referente a uma recente rusga com o ex-presidente da Fifa, o brasileiro João Havelange. "Há momentos em que nós, do futebol, temos que nos impor, lutar por nossos direitos", disse Pelé. "A classe dos jogadores de futebol, de uma forma geral, não é uma classe muito unida. Você vê que há muitos jogadores pelo mundo que têm problemas, que passam fome, e não se faz nada. Não há uma aposentadoria, algo forte, em prol do jogador."

Sem se intimidar por estar jogando "fora de casa" – nunca sentiu isso como jogador e certamente não sentiria como entrevistado –, Pelé aproveitou a oportunidade para tocar num assunto delicado. Perguntou a Maradona se era verdade que alguém da Argentina havia colocado sonífero na água oferecida aos jogadores brasileiros durante a partida entre as duas seleções na Copa de 1990 – a tontura foi sentida especialmente pelo lateral esquerdo Branco. O craque argentino desconversou, admitindo que a Seleção Brasileira havia sido muito superior naquele jogo, em que saiu derrotada por 1 a 0, sendo eliminada da competição.

Depois de lembrar a própria experiência com as drogas, Maradona perguntou sobre a prisão de Edinho, filho de Pelé. O Rei respondeu que o filho havia feito amizade com quem não devia e estava pagando por isso, mas que era um bom rapaz e iria sair dessa – como de fato ocorreu. Quando Pelé morreu, no final de 2022, o filho era treinador do Londrina, um dos mais tradicionais clubes do Paraná.

A entrevista para Maradona incluiu a revelação de que Pelé havia tentado levar o craque argentino para jogar no Santos, cerca de sete anos antes, e terminou com uma cena icônica. Maradona convidou Pelé para trocar passes de cabeça. Eles deram 27 toques na bola, sem deixá-la cair, e Maradona só interrompeu a sequência porque precisava, afinal de contas, dar continuidade ao programa. O craque argentino agradeceu a presença do Rei e revelou que, antes da entrevista, tinha ido ao camarim perguntar se havia algum assunto de que Pelé não queria tratar e ouviu, como resposta, que poderia ficar à vontade para perguntar o que quisesse.

Ao longo da conversa naquela inesquecível tarde que compartilhei com o Rei, Pelé foi revelando cada vez mais o lado Edson. Depois de descrever um encontro com o ex-presidente americano Bill Clinton, por alguma razão ele lembrou que tinha acabado de conhecer o comediante Jackie Chan e que tinha adorado o sujeito – "muito palhaço, muito divertido, do jeito que é nos filmes".

Começou então a procurar no celular a foto com o novo amigo, mas encontrou primeiro a imagem da *paella* que havia preparado no fim de semana anterior. Exibiu o prato com orgulho. Depois passou a mostrar imagens da mesa posta, da turma, dos filhos, da nova namorada – Márcia Aoki, com quem viria a se casar. Ele contou que a havia conhecido muitos anos antes, ainda na década de 1980, em Nova York, sem o envolvimento amoroso que ocorreria mais tarde. Na sequência surgiram imagens do sítio e das pescarias em Juquiá, seu reduto para descanso desde os tempos de jogador.

– Esse sítio sempre foi o meu psicólogo: quando as coisas apertavam, eu ia pra lá. Até hoje é assim.

Fiquei sem ver a foto com Jackie Chan – e fiz questão de não lembrar Pelé a respeito, interessado em manter a conversa no rumo necessário. Eu ainda tinha um bocado de perguntas a fazer até zerar a pauta.

Pelé não manifestou contrariedade com nenhuma das minhas perguntas e demonstrava estar empolgado com a conversa, plenamente envolvido com aquele momento. Sem olhar no relógio, no celular, nada disso. Eu me dei conta de que estar 100% presente já era uma de suas mais importantes características como jogador. Quando colocava uma toalha sobre o rosto antes dos jogos, era como se, intuitivamente, praticasse *mindfulness*, técnica de meditação que procura esvaziar a mente de pensamentos relacionados ao passado ou ao futuro. O que importa é o aqui e o agora.

Ele sempre fazia questão de manter contato visual com o interlocutor enquanto conversava. Já era assim como jogador, como pude constatar ao ver vídeos antigos. Mesmo dentro do campo, as entrevistas eram sempre uma conversa normal entre pessoas que se olhavam e interagiam. Foi inevitável fazer uma comparação com o que acontece hoje, em que os jogadores nem sequer olham para o repórter que está fazendo as perguntas. Tornou-se prática comum direcionar os olhos para o nada durante as entrevistas nos campos de futebol.

Quando chegou o inevitável momento da nossa despedida, eu não podia esconder a sensação de ter simpatizado muito com aquele senhor, que, aos 73 anos, deixou transparecer em vários momentos que era um homem em busca de uma resposta: por que tudo aquilo havia acontecido justamente com ele? Por que, entre bilhões de pessoas, o menino franzino nascido em Três Corações e criado em Bauru se tornou um dos mais conhecidos ícones globais?

– Eu queria muito ter uma explicação – disse o Rei. – Mas acho que só vou ter essa explicação quando eu morrer, mesmo.

Lembrei dessa frase no dia 29 de dezembro de 2022 e fiquei imaginando e torcendo para que Edson estivesse, enfim, recebendo a resposta tão aguardada.

Pelé
por ele mesmo

A seguir, alguns trechos selecionados das respostas dadas por Pelé durante as entrevistas. As falas foram preservadas o mais próximo possível da forma original, com eventuais ajustes apenas por clareza.

INFÂNCIA

Eu nasci na mesma época que a energia elétrica chegou a Três Corações.

Thomas Edison era a pessoa de que mais se falava naquele momento. Tirar o "i" do meu nome foi um errinho do cartório, porque ninguém sabia direito como se escrevia o nome dele. Nasci no dia 23 de outubro de 1940, mas registrado como se tivesse sido no dia 21. Acho que a culpa também foi do cartório, mas pode ser que meu pai tenha se confundido na hora de fazer o registro. Naquela época demorava um pouco pra registrar, e era comum dar confusão. Sempre comemorei meu aniversário na data certa, 23 de outubro.

Uma das primeiras lembranças que eu tenho da vida foi a viagem de trem entre Três Corações e Bauru, quando a minha família se mudou.

Fomos de Três Corações pra São Paulo e de São Paulo pra Bauru. Eu enjoava muito no trem, foi um sofrimento. O trem fazia parte da nossa vida. Lá em Bauru, a molecada ia roubar amendoim na estação pra vender. Roubar, não: pegar emprestado [*risos*]. Os vagões passavam lá cheios de sacos e alguns estouravam, então a gente pegava mais desses, pra vender na estação. Com esse dinheiro, a gente conseguia comprar a bola pro nosso time jogar.

Um dia, ganhei uma bola de um colega do meu pai, o Ditinho, que era ponta-direita do BAC.

Era uma bola de capotão, novidade naquela época. Como Bauru ficava no entroncamento das estradas de ferro Sorocabana, Noroeste e Paulista, as novidades chegavam rápido, porque todo o abastecimento de São Paulo passava por ali. Pois não é que bem nessa semana eu peguei catapora? Fiquei com um monte de ferida pelo corpo e não podia sair de casa, não podia jogar na rua. Estava louco pra estrear a bola nova. Então passei a semana abraçado nela, chorando.

Foi nessa época que surgiu o apelido Pelé. Eu gostava de jogar no gol e falei errado o nome do goleiro Bilé, que jogava no time do meu pai.

Na escola, os moleques pegavam no pé sabendo que eu ficava chateado com o apelido. Uma vez, briguei com um menino e peguei dois dias de suspensão. Na volta, foi pior ainda. Ou eu aceitava o apelido ou ia ficar maluco. Hoje você vai na Bíblia, em hebraico tem a palavra "Pelé", que significa milagre. Na mitologia grega tem um gato que é Pelé. Tem até um vulcão também. Então, essas coisas, às vezes fico pedindo a Deus uma explicação.

No dia da final da Copa de 50, meu pai tinha convidado jogadores do BAC.

Eles estavam reunidos no quintal da minha casa, ouvindo o rádio. Todos tinham certeza de que o Brasil iria ganhar. Eu tinha 9 anos. Dava uma passada no quintal de vez em quando e voltava pra rua, pra brincar com os moleques. Naquela época, a gente brincava muito de carrinho de rolimã. Cada vez que a gente voltava, tinha aquele clima de festa. De repente, quando voltei, todo mundo quieto, um clima de velório. Era o almoço, mas ninguém estava comendo. Era um encontro de comemoração, mas ninguém estava comemorando. Isso é uma coisa que tá tão viva na minha mente... Por causa da festa que de repente acabou. Eu não estava ligado no jogo, porque era muito criança, e sim no clima de festa.

> Tem uma cena que eu me lembro
> como se fosse agora.

Tinha um senhor lá, acho que o nome era Sebastião, que tocava violão com meu pai. Lembro dele chegando com o violão, alegre, e depois saindo triste, triste. Vi meu pai chorando pela primeira e única vez. Ele não era manteiga derretida que nem eu. Foi aí que eu disse a ele pra não ficar triste, que eu ganharia uma Copa pro Brasil. Cumpri a promessa oito anos depois. Depois do título na Copa de 58, eu queria muito falar com meu pai e minha mãe, mas telefone, naquela época, era um problema. Imagina uma ligação da Suécia pra Bauru... Só consegui no dia seguinte, ainda assim porque montaram um esquema com a Rádio Clube de Bauru. Meus pais foram até a rádio e conseguimos conversar, ainda naquele sistema de "câmbio".

> Mesmo depois de campeão do mundo, eu voltava a Bauru e jogava no Vai-quem-quer, a pelada que reunia o pessoal lá.

Eu fazia isso escondido do meu pai, porque ele ficava preocupado que eu me machucasse. Tinha esse nome porque ninguém ficava de fora. Quem ia chegando, ia entrando. Podia ter 15, 18 de cada lado. Foi ali que eu aprendi a driblar num espaço pequeno. Só parei mesmo de ir no Vai-quem-quer alguns anos depois, quando a minha família se mudou pra Santos.

FAMA

Minha assinatura, que hoje é famosa, surgiu de improviso.

A primeira vez que alguém me pediu autógrafo foi ainda em Bauru, na época do Baquinho. Eu ainda nem era profissional. Fiquei em dúvida se assinava Edson ou Dico, o meu apelido de família. No começo, eu queria que o meu nome de jogador fosse Dico, porque gostava muito mais dele do que de Pelé, mas não teve jeito: todo mundo me chamava de Pelé. Depois de ser campeão do mundo em 58, comecei a assinar Pelé. Quando tem alguma coisa assim mais importante, mais para o lado pessoal, eu escrevo "Edson = Pelé". Aí fui aperfeiçoando a assinatura. A bolinha no lugar do acento, por exemplo, foi uma ideia que tive depois.

> Já pensei muito em como seria um dia da minha vida sem que ninguém me reconhecesse.

Estive até orando e perguntando a Deus como seria. Eu acho que eu ia ficar triste pra chuchu. Minha vida foi toda feita com isso, o fato de ser conhecido, famoso. Acho que o ruim, o difícil agora seria chegar num lugar e não ser reconhecido. Se ninguém me olhasse, se ninguém pedisse meu autógrafo, eu ia sofrer pra caramba. Nunca fiquei irritado com o assédio dos fãs. Isso foi um ensinamento do meu pai logo lá no começo. Ele me disse que eu devia sempre tratar bem quem se aproximasse pra pedir um autógrafo, uma foto, um abraço. Pra mim aquele momento seria parte do cotidiano, mais um entre tantos, mas para a outra pessoa seria um momento único, que ela lembraria pelo resto da vida. O Dondinho dizia que eu tinha que tratar bem as pessoas pra que essa lembrança fosse feliz.

Quando comecei a jogar futebol, eu já convivia com a fama.

Meu pai era o grande Dondinho, que fazia muito gol de cabeça. Aliás, o único recorde que não bati foi do meu pai, cinco gols de cabeça na mesma partida. Então, em Bauru, era um orgulho, porque eu era o filho do Dondinho. Eu já era famoso. Acho que ter sido criado com fama, pelo meu pai ser famoso em Bauru, me deu essa proteção. Nem todo mundo está preparado pra fama. Muitas pessoas que se tornam reconhecidas, cantores e tal, ficam brigando pra estourar uma música, querem ser famosos, e aí, quando alcançam a celebridade ou a notoriedade, o cara fica bravo, fica se escondendo. Isso acontece porque ele não tinha ainda a personalidade formada.

Graças a Deus quase não me irrito, não tenho inimigos, e isso é um presente de Deus.

Já tive vários problemas com a polícia, mas foi por não me proteger direito quando a multidão chegava [*risos*]. Até hoje acontece. Outro dia fui a Três Corações pra inauguração de um museu na casa em que eu nasci, gente pra caramba, e os policiais, que deviam fazer a guarda, começaram a pegar papel dos caras que queriam autógrafo e passar pra mim. Eram provavelmente todos amigos.

Há muitos anos, na época do Santos, eu comprei um sítio em Juquiá, e ali era o meu refúgio que ninguém conhecia.

Esse meu sítio sempre foi o meu psicólogo: quando as coisas apertavam, eu ia pra lá. Até hoje é assim. Só que agora não consigo mais ir tão tranquilo, tem que ter segurança, essas coisas, mas na época a gente ia pra lá tranquilo. Não tinha nem asfalto pra chegar lá. Muitas vezes meu pai e minha mãe iam junto comigo. Meu pai gostava de pegar curió, que era valioso pra chuchu e tinha muito no Vale da Ribeira. Eu pescava no Rio Juquiá, passava horas pescando. Era onde eu descansava e relaxava.

Outro dia, o Pepito falou que a Globo estava pedindo pra eu dar uma palavrinha sobre os 50 anos da Xuxa.

Aí eu falei que ia falar, caramba... Mal não vou falar, porque foi maravilhoso. Foi uma ótima relação, mantemos a amizade até hoje. Aí eu falei assim: "Espero que ela seja muito feliz, porque eu fui muito feliz com ela". E as outras que escutassem também não iam ficar chateadas. Mas eu, graças a Deus, tive sempre muita tranquilidade nesse negócio, e também muita sorte. Meus casamentos duraram bastante tempo[1].

---

[1] Suas três relações oficializadas foram com Rosemeri Cholbi (1966-1978), Assíria Seixas (1994-2008) e Márcia Aoki (2016-2022).

SANTOS

Quando cheguei a Santos, com 15 anos, fiquei bastante tempo na pensão da dona Georgina.

Uns cinco anos, até mais. O Raimundão, marido dela, trabalhava no Santos como enfermeiro e massagista e era jogador de basquete também. Minha família foi pra Santos em 62 ou 63, não tenho certeza. Meu tio Jorge chegou primeiro. Até então, sempre fiquei com a dona Georgina. Ela e o Raimundão cuidavam de mim como filho. Depois vieram outros jogadores. O Coutinho veio treinar e foi pra pensão. E aí ficamos como irmãos. Depois veio o Lalá, goleiro, e um monte de gente, inclusive o meu irmão Zoca. Dona Georgina ficou famosa como "a mãe" dos meninos do Santos. Na pensão eu tinha um dobermann, o Campeão, que foi um presente de um criador lá de Bauru.

Cheguei a fazer duas ou três mudanças com a pensão.

A primeira vez era perto do Canal 1, perto da Linha da Máquina[2]. A gente ainda pegava o bonde naquela época pra treinar no Santos. O bonde passava em frente. A gente ouvia tocar e saía correndo pra pegar o bonde. O Raimundão ampliou um pouco a pensão, aí precisou de mais espaço. Saímos do Canal 1 e fomos pra outra sede, com espaço pra mais jogadores. Quando eu fiz a primeira ou segunda renovação de contrato, meu pai pediu uma casa ao Santos, como luva. Foi quando eu saí da pensão e fui morar com a minha família.

---

[2] Construídos no início do século XX como recursos de saneamento da cidade, os canais de drenagem tornaram-se referências geográficas para os moradores de Santos. "Linha da Máquina" é uma expressão antiga usada na cidade para as linhas de trem.

Na concentração do Santos, o clima era muito divertido.

A gente sentava, todo mundo junto, fazia música de gozação, pegava no pé do Zito, que tinha fama de ter chulé – o apelido dele era Chulé, tinha o pé malcheiroso para chuchu [*risos*]. A gente tinha que fazer atividades coletivas pro tempo passar. Eu gostava muito de sinuca. Os outros diziam até que eu era viciado em sinuca. Eu respondia que não era viciado, e sim caprichoso, porque queria sempre melhorar. Eles diziam que eu era bom em tudo que envolvia bola: futebol, sinuca, pebolim. Até damas, que tem as peças redondas. Já os jogos com cartas não eram o meu forte... Hoje, pelo que vejo, é tudo muito mais individualista. Fico vendo os caras todos com *walkman*, cada um na sua. A gente, não, a gente fazia tudo junto.

Tinha também a música.

O Tite, nosso ponta-esquerda, tocava bem pra chuchu. Depois até abriu um boteco de música. Eu ficava olhando lá na concentração e, de vez em quando, pedia pra dar uma tocada no violão, mas eles não deixavam, dizendo que eu ia estragar. Como eu era o mais jovem, eles ficavam o tempo todo dizendo: "Pelé, vai lá buscar um café pra gente!". Até que eu falei: "Tá, agora só vou buscar café se vocês me deixarem treinar no violão". Aí eles concordaram, me ensinaram um pouco e fui treinando de ouvido. Aprendi, mas só sei acompanhar, não sei fazer solo.

> Naquela época, demorava muito mais tempo pra ver jogador com a vida resolvida.

A decisão mais difícil foi não deixar o Santos. O primeiro time a fazer proposta foi a Juventus. Depois teve a Inter de Milão, o Real Madrid, o América do México. Eu nunca aceitei as propostas milionárias que chegaram do exterior porque achava que, do jeito que estava, eu estava feliz. Eu ficava meio em dúvida: será que sair do Santos, jogar fora, vai ser assim também? Eu tinha ganho uma casa do Santos pra reformar o contrato, recebia os amigos. O Santos era a maior promoção pro país. A gente jogou em tudo quanto é lugar, só faltou jogar na Lua mesmo. Até guerra a gente parou.

> Meu pai sempre dizia que dinheiro não é tudo.

Você estar bem, se sentir bem onde está, é o mais importante. Se eu estivesse bem, feliz, eu jogaria bem e o dinheiro seria uma consequência. Naquela época, não era preciso sair do Brasil pra ser reconhecido como o melhor do mundo. Hoje dizem que é impossível, mas eu não sei por quê. Se você está ganhando bem aqui, pra que mudar de país pra ganhar mais? O Santos tinha condições de jogar de igual pra igual contra qualquer adversário. A gente emendava uma competição com a outra, uma excursão com a outra, uma viagem com a outra.

> Dizem que o jogador tem que ir pro exterior pra ficar melhor, mas eu acho que isso é papo furado.

Quanto jogador vai pra lá e volta pior? Vários. O problema é financeiro, mesmo, e sempre foi. No meu tempo, muitos jogadores foram jogar no exterior e fizeram sucesso: Julinho, Dino Sani, Mazzola, Amarildo, Didi – até o Didi foi. Era sempre a mesma história: preocupação financeira. Só no final da minha carreira, depois do meu último ano jogando pelo Santos, decidi aceitar uma proposta de fora. Apareceu o Kissinger, com o Steve Ross, presidente da Warner, pessoa maravilhosa, dizendo que queria promover o futebol nos Estados Unidos e precisava da nossa ajuda. Aí eu pensei: "Caramba, na Europa o futebol é de primeiro nível, mas nos Estados Unidos está começando. Será que não é fria isso?".

Nessa, o meu irmão Zoca me ajudou muito.

Ele falou: "Vai pros Estados Unidos, vai aprender inglês!". Na época estava começando o marketing esportivo, aqui ninguém sabia o que era, mas lá já tinha um investimento. Aí eu falei: vou fazer uma experiência, estudar inglês, se der, vou estudar marketing esportivo pra montar uma firma. Liguei e aceitei. Acho que o mais importante pra mim foi a opinião e a insistência do meu irmão Zoca de que isso seria um bom caminho pra mim. E foi mesmo a melhor coisa que aconteceu. Hoje o futebol é um esporte respeitado nos Estados Unidos, e eu aprendi um pouco também.

ADVERSÁRIOS

> Quando eu estava no campo, meu negócio
> era fazer o passe, fazer o gol.

Nem pensava nos outros caras. Várias vezes eu estava jogando pelo interior, com times ameaçados de cair pra segunda divisão, e os beques chegavam em mim dizendo: "Pô, Negão, nosso time vai cair, nós vamos perder o emprego". Os caras pediam pra dar uma colher de chá, dar uma aliviada, mas eu nunca aliviei. Às vezes me doía o coração, mas eu tinha a minha obrigação. Eu tentava manter uma boa relação com os jogadores, procurava ser amigo de todo mundo. Antes do jogo, perguntava pros beques do outro time se estava tudo bem com a família e às vezes até elogiava: "Pô, você jogou bem domingo passado, hein? Acabou com o jogo, parabéns!"[3] Aí ia amaciando um pouco os caras. Mesmo assim, apanhava bastante [*risos*].

---

[3] Perguntei a Pelé qual era o adversário que ele considerava ter sido o seu melhor marcador individual ao longo da carreira. Lembrando dos confrontos épicos entre Santos e Palmeiras, ele mencionou o zagueiro Aldemar, que jogou no Palmeiras entre 1959 e 1964.

Apanhar, naquela época, era normal.

Todo jogador que tinha notoriedade, que era destaque no seu time, os técnicos mandavam marcar especialmente. A coisa era um pouco mais pesada que agora. No nosso tempo, a gente não tinha esse negócio de cair à toa, porque o pau comia mesmo, ainda mais na Argentina, no Uruguai, no Paraguai. Não era brincadeira. Esse negócio de exagerar irrita muito os outros jogadores. Veja o Messi, por exemplo: ele só cai mesmo quando não tem jeito. Toma pau, não cai, levanta, continua.

Muito se fala da malandragem no futebol, mas na nossa época a gente dizia que era picardia.

Uma vez, acho que foi em São José do Rio Preto, naquela época o goleiro podia dar a bola pro beque e o beque devolver pro goleiro, desde que a bola saísse da área. Aí, no tiro de meta, eu me afastei da área, o goleiro passou a bola pro beque. Eu estava longe, levantei os braços e falei "para, para, o juiz apitou, para!". Ele parou, peguei a bola e fiz o gol [*risos*]. O goleiro deu uma tremenda bronca no zagueiro, que ficou me xingando. Os goleiros sofreram muito com o Pelé, mas às vezes também faziam o Pelé sofrer. Com o Banks, da Inglaterra, teve aquele lance famoso na Copa. No Brasil, tinha o Gylmar, que era do Corinthians antes de vir pro Santos, jogava pra caramba. Tinha o Carrizo, da Argentina, que pegou pênalti meu, um ou dois.

Teve um pênalti contra o São Paulo que até hoje eu rio.

    O Poy era o goleiro e pegou a bola. Naquela época, o goleiro podia soltar a bola e pegar de novo quantas vezes quisesse. Eu dei as costas pro goleiro, ia saindo da área, fingindo que não estava mais ligado no lance, aí o Poy colocou a bola no chão, pra ganhar tempo. De repente, virei e parti pra cima dele. Um zagueiro deles, que não estou lembrado quem era, me agarrou, só pelo reflexo. Eu nunca ia chegar na bola antes do Poy. Aí o juiz marcou pênalti, e tinha mesmo que marcar, porque foi pênalti [*risos*]. Os técnicos diziam "marca o Pelé, pega o Pelé!", e os caras às vezes ficavam muito preocupados.

> Outra coisa que eu fazia: se tinha uma falta, eu muitas vezes me agachava e fingia que estava amarrando a chuteira.

Aí o zagueiro pensava: "Pô, não tá de pé, não preciso me preocupar". Aí eu me levantava rápido, já tinha combinado com o Pepe, que metia a bola pra mim. Isso a gente fazia muitas vezes no interior, porque não tinha TV e o pessoal não sabia que eu tinha feito isso no jogo anterior [*risos*]. Era uma das vantagens de não ter a TV registrando cada passo nosso tão de perto, como acontece hoje. A desvantagem é que a gente apanhava feio e no dia seguinte não tinha TV pra mostrar.

FOCO

> Uma coisa que eu sempre fazia antes
> dos jogos era rezar.

Sempre rezei, a vida toda, de manhã, à tarde e à noite, mas ali era um costume que eu tinha antes dos jogos. Depois eu ficava pensando no outro time, pensava nos jogadores, como eles jogavam, como os zagueiros tinham me marcado na partida anterior... Eu colocava uma toalha no rosto e ficava me concentrando, pensando em tudo isso. Escapava daquela confusão de vestiário e ficava quieto, quase sempre na maca do massagista, e me concentrava no jogo. Colocava uma toalha pros caras não virem toda hora falar comigo. Eles já sabiam disso e respeitavam. Eu sempre ficava um pouco nervoso antes dos jogos, especialmente dos mais importantes. Com o tempo, a dorzinha de barriga até diminuiu, mas nunca sumiu completamente. Acostumar com tudo aquilo, a gente não acostuma.

A caminho da final da Copa de 70, eu tive uma crise de choro.

A gente saiu da preleção, aquela conversa toda, "vamos lá, é o nosso momento" e tal, e entramos no ônibus. Quando estávamos seguindo para o estádio, eu me lembro bem, tinha um pessoal passando, bandeira, de repente me deu um aperto, uma tristeza, e comecei a chorar. Talvez tenha sido a melhor coisa, por causa do desabafo. Era uma sensação de angústia. Eu queria parar de chorar, esconder do pessoal, mas não conseguia parar. Chegando no estádio, eu melhorei. Aí, segui o meu ritual. Todo mundo começou a colocar a roupa, procurei a sala de massagem e fiquei lá, como sempre fazia.

Dentro do campo, eu ficava o tempo todo ligado e pensando no jogo.

Não havia espaço pra outros pensamentos. Mesmo que a gente estivesse ganhando de goleada, mesmo com a bola longe, eu ficava olhando o posicionamento, acompanhando o movimento dos jogadores do meu time e do outro time, planejando como seria o meu deslocamento quando a bola viesse pro meu lado. Focado o tempo todo no jogo, sem distração. Uma das coisas que meu pai me ensinou foi isso. O jogador precisa antever pra quem vai passar a bola, de tal modo que, quando ela chega, ele já sabe o que vai fazer. Com isso, ganha alguns segundos no lance.

Outro aprendizado que eu tive com o meu pai foi desenvolver a habilidade com as duas pernas.

Isso foi mais resultado de treino, mesmo. Desde pequeno meu pai ficava me perturbando. Quando às vezes ele ia ver o infantojuvenil do Baquinho, falava assim: "Você sabe quantas vezes você deu passe com o pé esquerdo hoje? Duas vezes! Em 90 minutos! Uma vergonha! Você tem que aprender a chutar com a esquerda, tem que ficar batendo a bola com a parede". Lembro como se fosse hoje do meu pai falando tudo isso. "Não tem um espaço, não tem um campinho, não tem um amigo, fica batendo bola com a parede."

> Depois dos treinos, o pessoal ia embora e eu ficava lá, exercitando
> a perna esquerda.

Minha perna de segurança continuou sendo a direita, mas chegou um ponto em que eu desenvolvi habilidade igual na esquerda. Muita gente, inclusive jornalistas, pensava que eu era canhoto, porque fazia muito gol com essa perna. Graças a Deus, essa facilidade de passar, de fazer o gol, de treinar com a esquerda, me deu tranquilidade até espiritual. Eu não perdia gol. Acho que a razão dos 1.283 gols é essa possibilidade de usar as duas pernas igualmente. E olha que, no começo da minha carreira, eu nem batia pênalti. Era o Pepe ou o Jair Rosa Pinto. Várias vezes, quando tinha falta ali perto da área, eu ficava enchendo o saco do Pepe pra bater [*risos*]. Com o tempo, eu comecei a pegar mais bolas paradas. Às vezes, quando o jogo tava complicado, as coisas dependiam de responsabilidade, os batedores fugiam e sobrava pra mim. Se estava zero a zero, o Carlos Alberto chegava e dizia: "Bate, Crioulo, bate!"

CONTUSÕES

O medo de contusão sempre foi um fantasma que me acompanhou ao longo da carreira.

Fui convocado pra Copa de 58 e no jogo-treino com o Corinthians eu me machuquei. Muitos dos amigos que iam me visitar falavam assim: "Poxa, igual ao seu pai, a mesma contusão, mesmo joelho". Eu pensava: "Será, meu Deus do céu, será que não vou ficar pronto pra Copa?". O tratamento daquela época não era nada sofisticado, era água quente e gelo, mas graças a Deus eu me superei. Fomos campeões. Aí, em 62 teve aquela distensão na virilha novamente, depois de um chute que bateu na trave. Graças a Deus o Brasil foi campeão. Depois, tive problema de novo, na Copa de 66. Quando eu me machucava, lembrava na hora do meu pai, porque em Bauru cheguei a ajudar a pôr gelo no joelho dele, a segurar balde, toalha com água quente, então aquilo me marcou.

Não dá pra dizer qual foi a contusão mais grave que eu tive, porque foram quase todas mais ou menos iguais.

Naquela época, qualquer contusão os caras ficavam preocupados. Tinha nos contratos que se o Pelé jogasse, o valor era X, se não jogasse, era metade. Os diretores do Santos ficavam o tempo todo perguntando pra mim: "Como é, já tá bom, Pelé?". Na Copa de 66, quando saí machucado, eu falei: "Meu Deus do céu, essa mensagem deve ser pra eu parar com essa história de jogar Copa". Aí, graças a Deus, eu me recuperei e cheguei bem em 70.

Teve a polêmica da Copa de 74: todo mundo querendo que eu fosse.

O Santos foi campeão em 73, eu tava bem pra caramba. Não ir foi uma decisão minha, por causa das contusões. Eu pensei: tive tantos problemas nas outras Copas, consegui acabar a de 70 intacto, Deus me deu esse presente, então acho que é melhor parar por aqui. Veio o Geisel, um monte de gente pedindo pra eu voltar à seleção, e eu negava. Fui muitas vezes cobrado depois que o Brasil voltou sem o título. Diziam que teria sido diferente se eu estivesse no time.

POLÍTICA

> Conheci a maioria das pessoas mais importantes e famosas
> da minha época.

Inclusive vários presidentes dos Estados Unidos. O Ronald Reagan quebrou o gelo logo de cara, falando assim: "Prazer, sou Ronald Reagan, presidente dos Estados Unidos, mas você não precisa se apresentar, porque todo mundo conhece o Pelé". O Clinton foi comigo no Morro da Mangueira, no Rio, que tinha um dos maiores índices de criminalidade do país, e depois que levamos a Vila Olímpica pra lá, quando eu fui ministro, esse índice diminuiu muito. No caminho, ele brincou assim comigo: "Pelé, lá ninguém vai saber quem eu sou, então me ajuda lá, diz que estou com você".

Uma das minhas experiências mais incríveis foi com o Mandela.

Estávamos fazendo um trabalho com o Unicef e ele me falou: "Pelé, eu te amo, você tem feito um trabalho extraordinário no esporte, com seu jeito de ser, mas tem uma coisa que eu não entendo sobre o seu país: como o Brasil, um país que fala uma língua só, tem gente morrendo de fome? A comunicação no Brasil é única. No meu país, temos vários dialetos, várias disputas. Não entendo como os políticos brasileiros permitem que morra gente de fome". Passei isso pra alguns políticos, mas eles não tomam jeito. O que me deixa de baixo-astral é ver que o Brasil é riquíssimo em minerais, em agricultura, e a gente ainda vê gente morrendo de fome. Esse descaso com o Norte e com o Nordeste... Sempre que viajo, fico pensando por que tem que ser assim. Quando falei das crianças, ao fazer o milésimo gol, muita gente falou que era demagogia, que eu queria aparecer, mas é porque eu já via que os políticos não faziam nada pra mudar a realidade do país.

Sobre racismo, tudo o que fiz, eu fiz naturalmente, sendo eu mesmo.

Chegar na Argentina, com o estádio inteiro xingando, e ganhar dos caras lá dentro, essa era a minha forma de responder, de mostrar a minha capacidade. Isso certamente tinha um peso muito maior do que qualquer discurso. Lembro bem como eu me senti no início da minha carreira. Quando chegamos na Suécia, fomos nos concentrar, fazer a preparação, e eu não tinha a menor informação sobre o resto do mundo. Chegamos na Suécia e aquele monte de loirinha... Sempre, por mais que você diga que não, sempre tem aquele receio do negro com branco, essa coisa toda. Eu queria me esconder das garotas. Eu tinha 17 anos, as meninas deviam ter 15, 16 anos. Elas colocavam as mãos no meu cabelo pra saber se era de verdade, eu parecia um bicho para aquelas loirinhas. Eu falei: caramba, um monte de outros jogadores e só sobra pra mim! [*risos*]

Durante a carreira, e depois de parar, sempre fiz muitas coisas de benemerência.

Nunca divulguei, nunca fiz questão de ter esse tipo de divulgação, mas eu e minha família sustentamos escolas em Bauru e em Santos e cuidamos de idosos no Guarujá. Nunca você viu sair qualquer notícia a respeito, uma foto minha, da minha mãe ou do meu irmão Zoca nesses lugares. Eu não deixo ter esse tipo de exploração. Sempre procurei fazer o bem quando possível. Teve um monte de coisa que aconteceu comigo que é muito gratificante. Gente que pedia para eu ir ao hospital visitar alguém e eu ia, e a pessoa ficava boa, se recuperava[4]. Essas coisas não têm preço.

---

[4] Uma história desse tipo foi compartilhada pela apresentadora Ana Maria Braga logo depois da morte de Pelé. Comovida, ela contou em seu programa que, em 1974, ainda no início da carreira como jornalista, sofreu um grave acidente de carro, que a deixou internada por vários meses na Santa Casa de Santos. A prima conhecia Pelé – eram colegas na faculdade de Educação Física, que o craque decidira cursar para se preparar para uma segunda carreira. Pelé acompanhou a amiga numa visita ao hospital e depois mandou uma TV de presente para ajudar Ana Maria a passar o tempo.

> Sempre me preocupei muito com as condições
> de trabalho dos jogadores.

Eu tinha um grande exemplo, bem próximo de mim, de jogador que ficou desamparado: meu pai. Ele quebrou o joelho em Bauru, era o Dondinho, famoso e tal, mas pouca gente sabia que às vezes a gente tinha dificuldade até pra comer em casa. Meu pai jogou dez anos com o joelho machucado. Eu fiquei sabendo disso pelos comentários, não tinha idade ainda pra entender, mas lembro vagamente da conversa da família, dizendo assim: "Poxa, justo na hora que ele ia pro Vasco, como pode isso?". Mas eu era muito garoto na época. Eu, vendo isso, essa experiência em casa com meu pai, quando cheguei no Santos, algumas vezes acontecia de algum jogador vir do interior e precisar de ajuda ou ter dificuldade, então a gente procurava ajudar.

FAMÍLIA

Eu vivi muitas emoções, tipos diferentes de emoções.

Nada fica acima do nascimento dos meus filhos. Aí, não tem Pelé, não tem nada, sou um pai como qualquer outro[5]. Quando eu lembro de momentos emocionantes, o falecimento do meu pai também vem logo à minha cabeça. Foi muito marcante. Cheguei de viagem, era uma quarta, eu acho, e na sexta eu iria pra Argentina ou pro Uruguai. Ele falou assim pra mim: "Acho melhor você não ir, porque eu não estou bem, eu vou morrer". Aí falei: "Que é isso, pai?". Eu ri e fui pro Guarujá descansar. Na quinta à noite, minha mãe falou que meu pai não estava bem. Fui correndo pra lá, cheguei e ele morreu em seguida. Por um lado foi bom, porque não sofreu, graças a Deus.

---

[5] Pelé teve sete filhos. Kely (1967), Edinho (1970) e Jennifer (1978) são frutos do primeiro casamento, com Rosemeri. Os gêmeos Joshua e Celeste (1996) nasceram da união com Assíria. Ele não acompanhou o nascimento de Sandra Regina (1964) e de Flávia (1982), que só conheceu depois de adultas.

Meu pai me deixou muitos ensinamentos.

Como ele foi muito bom pra mim, é com alegria que eu lembro dele. Sempre me dizia: "O que você ganhou, o dom do futebol, foi um presente de Deus, então você tem que trabalhar em cima disso, tem que respeitar as pessoas. Aí sim você vai ser um grande jogador. Não fica botando banca, não, tirando sarro dos meninos, porque isso aí você ganhou de Deus". Ele dizia isso porque em Bauru eu tirava sarro dos moleques, passava a bola por baixo das pernas, tripudiava em cima dos gordinhos. Um dia meu pai disse que tinha visto eu fazendo isso e me deu essa grande lição, que nunca esqueci e carreguei pelo resto da vida. Depois que virei profissional, eu não ficava fazendo firula desnecessária.

Meu pai era amigo de todo mundo, era muito conhecido.

E vaidoso. Só saía embecado, como se dizia naquela época. Lembro que ele colocava um chapéu bem elegante, terno de linho, e tinha que ser calça amassada, meio sanfonada, pra ficar na moda. Meu pai sempre saía bem-vestido, mesmo que fosse só na esquina, pra tocar com o pessoal. Às vezes minha mãe acompanhava meu pai nesses eventos em Bauru. Minha avó Ambrosina, mãe do meu pai, tomava conta da gente quando minha mãe saía com meu pai. Ela e o tio Jorge, irmão da minha mãe, moravam com a gente. Meu tio era novo, tinha uns 18 anos, tinha ido pra fazer o exército. Alguém falou: "Já que o Dondinho tá indo pra Bauru, lá tem um batalhão muito bom, faz lá!". E foi muito importante ele estar com a gente, porque acabou ajudando um bocado nas finanças. Arrumou um emprego de balconista na Casa Lusitana e passou a assumir boa parte das dívidas da casa.

Meu pai era conhecido, era o Dondinho, mas quem mandava em casa era minha mãe, dona Celeste.

Ela era uma fera. Depois de adulto, a gente brincava: como uma baixinha fraquinha dessas pode ter tanta força e mandar num homem fortão, que subia tanto de cabeça? Aí a gente ri, lembra das histórias. Meu pai gostava de se reunir com os amigos do BAC. Eles sempre se reuniam no bar do Justino, que era do time. Eles iam lá pra fazer roda de samba, porque meu pai tocava cavaquinho. Às vezes estava na hora do jantar e minha mãe dizia: "Dico, vai lá no Justino e fala pro teu pai que tá na hora do jantar, e que se ele não vier eu vou lá buscar". Várias vezes ela fez isso [*risos*]. Eu chegava e falava baixinho: "Pai, a mãe mandou avisar que tá na hora do jantar". Ele reclamava: "Sua mãe perturba sempre na hora que estou aqui com os meus amigos!". E eu: "Pois é, mas ela falou que, se o senhor não voltar agora, vem aqui buscar". "Tá, avisa lá que eu já vou. Não quero confusão pro meu lado."

> Minha mãe era muito rigorosa com as regras do cotidiano, com as coisas de religião, de estar todo mundo junto à mesa.

Essa disciplina é da minha mãe, mesmo porque ela tinha um pouco mais de escolaridade que meu pai. Era ela que assinava as coisas. Ela lia bem, escrevia bem. Cuidava das finanças da casa, cuidava de tudo. Quando assinei com o Santos, eu mandava pra ela o dinheiro, não pro meu pai. Era ela que guardava o que tinha que guardar, dividia o que tinha que dividir, pagava o que tinha que pagar. Então, a dona Celeste era e continua sendo poderosa. Sempre foi a âncora da família.

Sou católico, família toda católica.

Minha mãe é muito religiosa, de rezar o terço todo dia. Fui criado assim também. A gente ia à missa todo domingo. Quando eu já estava no infantojuvenil do Baquinho, com 14 anos, ia ter jogo e, às vezes, minha mãe não me deixava ir, dizendo que eu ia ser coroinha, que já tinha combinado com o padre. "Mas, mãe, eu quero jogar bola." "Não quero saber, você vai ter que ir lá." Ela achava que, tendo filho coroinha, Deus ia ajudar a gente. Eram dois coroinhas ao redor do padre, e eu costumava carregar o incenso. Às vezes ficava louco. "Mas, mãe..." "Não quero saber. Vai lá pedir ajuda pra Deus. Não viu o que aconteceu com o seu pai? Está machucado, sem poder jogar direito. Vai lá!" Hoje eu brinco com ela, mas na época era fogo.

Quando eu rezo, é uma conversa com Deus.

Especialmente quando estou em Nova York, costumo ir à Catedral de Saint Patrick. A matriarca da minha família é Nossa Senhora Aparecida. Mas também tenho devoção por São Jorge, porque meu tio se chamava Jorge. Até hoje, às vezes, eu tô fazendo uma oração e digo assim pra São Jorge: "Já que você faz parte da família..." [*risos*]. Fui criado na Igreja Católica, mas respeito tudo. Quase todo lugar que vou, o cara pode ser de qualquer religião, mas convida o Pelé pra ir. Sempre que posso, eu atendo. Principalmente quando a gente ia jogar na Bahia. Quase todo pai de santo ia pedir a bênção pro Pelé, então era melhor estar de bem com eles, né?

EDSON

Eu sempre precisei fazer coisas que gosto na minha casa, porque não saía muito, era complicado sair.

Foi por isso que aprendi a cozinhar. Esse negócio começou lá atrás, quando eu ia pescar, e aí tinha que preparar alguma coisa lá mesmo. Depois aprendi a cozinhar melhor acompanhando amigos cozinheiros. Tenho orgulho de mim na cozinha! Sou elogiado por vários pratos. Faço um risoto de camarão que o pessoal gosta, faço uma bela *paella*. De tudo um pouco dá pra fazer. Mas a gente tem essa coisa de beira de praia, frutos do mar. Então, uma coisa que eu sempre me orgulhava era fazer um tipo de caranguejo que muita gente faz aqui em Santos, na cerveja, caranguejada.

Também sempre gostei de animais, porque a gente vem do interior.

Tinha um zoológico na minha casa do Guarujá. Cuidava até de jacaré. Na época o Ibama deixava. Também criava tartaruga, carpa... Ainda tenho lá um viveiro com passarinho. Uma fase boa foi quando tive pastores-alemães brancos, e aí começou todo mundo a querer comprar. Quase ninguém conhecia essa raça. Eu tinha uma fêmea, a Mima. Foi uma paixão, fiquei com ela uns doze anos. A ninhada do pastor-alemão branco tem 12, 13 filhotes, aí não tem como ficar com todos em casa. Comecei a criar meio de brincadeira, depois levei a sério. De vez em quando eu fazia uma graninha [*risos*].

Sempre gostei de música.

Lá no BAC, tinha dois amigos do meu pai que tocavam bandolim e violão, e meu pai tocava cavaquinho. Eles faziam seresta, aí eu ficava lá, brincando com eles, mas nunca aprendi. Só mais tarde, nas concentrações do Santos, comecei a aprender um pouco de violão. Pra mim, o "Pelé" da música é o Roberto Carlos. O cara tá aí há duas gerações e é um exemplo. Ele cantou música minha, gravou música minha. Teve uma vez que voltamos juntos no avião, de Nova York. Ele tinha comprado uma violinha e veio treinando. Falou que era uma batida nova que queria aprender.

Nunca cheguei a me encontrar oficialmente com os Beatles.

Acho que cruzei duas vezes com eles em aeroportos. Mas teve uma passagem importantíssima, já no final da minha carreira. Quando eu fui jogar no Cosmos, fui estudar inglês na Berlitz de Nova York, e o John Lennon estava lá estudando japonês, porque tinha começado a namorar a Yoko. Eu me encontrei com ele no intervalo das aulas, e sabe o que ele me falou? Que na preparação pra Copa de 66, quando a Seleção Brasileira estava concentrada em Liverpool, os Beatles queriam fazer uma apresentação pro Pelé, mas não deixaram. Parece que o Nascimento, que era o nosso diretor – que Deus o tenha –, disse: "Esse bando de cabeludos não vai entrar aqui, não!". Aí o John Lennon me falou: "Poxa, a gente adorava futebol, mas não deixaram a gente tocar pra vocês". O Nascimento era brabo pra chuchu.

ETERNIDADE

Sempre pensei no que acontece quando a gente morre.

Uma vez eu tava viajando com o Santos, uma das minhas primeiras excursões com o time, aí, lá em cima das nuvens, olhei pra fora do avião e pensei: "Puxa vida, será que existe vida depois da morte? Será que vai ter outro Pelé?". Depois, várias vezes eu pensava nisso. Eu já tinha um lado mais espiritual, mesmo sendo muito jovem e sabendo pouco do mundo. Era um negócio meio sonho, estar viajando do jeito que eu estava viajando com o Santos. Naquela época, a gente não tinha muita informação. Eu ficava sabendo que ia jogar, sei lá, na África, como fomos várias vezes, aí o avião ia descer, passava zebra no meio da pista, tinha que arremeter e dar a volta, por causa dos animais. E o mais impressionante é que o avião descia e lotava de gente. Aparecia gente de tudo quanto era lado, e não tinha todas essas formas de espalhar notícia como tem hoje. O Santos era no boca a boca, mesmo. Era o maior divulgador do Brasil.

Tinha uma pergunta que eu sempre me fazia, especialmente quando via as nuvens: será que tudo acaba aqui mesmo neste mundo?

Já tive muitos indícios de que existe algo além desta vida terrena. Na minha consciência, sem dúvida alguma existe algum tipo de continuidade. Eu não sei ainda como explicar isso, mas que existe, existe. Eu queria muito ter uma explicação, mas acho que só vou ter essa explicação quando eu morrer, mesmo. Espero que esse dia demore bastante. Quero comemorar 100 anos dando o pontapé inicial numa Copa do Mundo... [*risos*].

Epílogo

Edson Arantes do Nascimento não viveu 100 anos, como desejava – morreu no dia 29 de dezembro de 2022, aos 82 anos.

Sua mãe, dona Celeste, ela, sim, conseguiu chegar aos 100 anos, completados algumas semanas antes da morte do filho. Os familiares não tinham a certeza de que, debilitada pela idade, ela compreendeu em algum nível o que estava acontecendo.

Edson se foi na semana entre o Natal e o Ano-Novo, período que já envolve, naturalmente, grandes emoções. Além disso, a Copa do Catar havia se encerrado dez dias antes, com resultado decepcionante para os brasileiros – o que só fez aumentar a saudade dos áureos tempos de Pelé. Em contrapartida, o país se enchia de esperança com a proximidade da posse de Lula como presidente, marcada para 1º de janeiro.

A notícia da morte do maior jogador de futebol de todos os tempos comoveu o mundo, reforçando tudo aquilo que já sabíamos: era um dos rostos mais conhecidos do planeta, respeitado e amado nos lugares mais distantes.

Talvez nenhum episódio sintetize melhor a universalidade de Pelé do que a história que me foi contada pelo famoso fotógrafo brasileiro Sebastião Salgado. Ele relatou como a simples menção ao nome do Atleta do Século salvou sua vida, em 1994, na África.

Salgado estava às margens de um rio na fronteira entre Ruanda e Tanzânia quando foi abordado por um grupo de tutsis, então em conflito com os hutus, apoiados pela França. Inicialmente confundido com um francês, o fotógrafo passou a gritar desesperadamente que era do Brasil, mas só conseguiu arrefecer as investidas dos tutsis, já com facões em riste, ao repetir "Pelé" várias vezes. "Foi quando eles finalmente entenderam que eu não era francês e me deixaram ir, não sem antes conversar um pouco sobre futebol", lembrou Salgado. "Devo essa ao Pelé."

Histórias semelhantes pipocaram durante a cobertura jornalística da morte do Rei do Futebol. Pessoas das mais diversas áreas descreveram episódios em que o fato de ser brasileiro e mencionar Pelé abriu portas ou despertou simpatia no exterior. Nos dias que se seguiram à morte, Pelé foi homenageado ao redor do mundo pelos principais líderes políticos, estrelas do *show business*, inúmeras personalidades e atletas do futebol e de outras modalidades.

Houve, no entanto, uma ausência marcante no velório do Rei, realizado durante 24 horas na Vila Belmiro, o estádio do Santos, local em que ele mais desfilou seu incrível talento: nenhum jogador do elenco brasileiro que participou da recém-encerrada Copa do Catar compareceu, assim como nenhum integrante da comissão técnica. Da mesma forma, não houve representante da geração pentacampeã, em 2002, mas apenas um representante dos tetracampeões, em 1994: Mauro Silva.

Certamente há casos que podem ser justificados pela dificuldade de deslocamento, questões familiares ou compromissos assumidos, mas o conjunto de ausências revela muito mais do que indelicadeza: trata-se de uma tremenda ingratidão. Como disse uma senhora que estava na fila do velório, "todo jogador brasileiro dorme hoje na cama que o Pelé arrumou". Metáfora perfeita.

Foi durante a era Pelé que o futebol brasileiro se estabeleceu como a grande força mundial. Antes da conquista da Copa de 1958, o país havia participado de cinco edições da competição e visto Uruguai e Itália serem duas vezes campeões e a Alemanha uma vez. Pelé participou de quatro Copas, e depois desse período o Brasil havia deixado todas as outras para trás, com três títulos.

Pela seleção, Pelé fez 91 gols em 110 partidas, das quais venceu 82, empatou 16 e perdeu apenas 12. Esse retrospecto inclui uma parceria incrível com outro gênio do futebol brasileiro, Garrincha. Juntos, os dois nunca perderam pela seleção. Foram 30 partidas, com 26 vitórias e 4 empates.

A primeira coisa que pensei, ao saber da morte de Pelé, foi no incrível número de pessoas que ele impactou de alguma forma ao longo da vida. O quanto ele espalhou de alegria, esperança, humanidade. Não apenas como resultado direto dos seus feitos como jogador de futebol, mas por uma infinidade de situações paralelas, ligadas à incrível capacidade demonstrada nos campos.

Lembrei de histórias como a do jogo 1.000 de Pelé, que aconteceu depois do gol 1.000 – já que, até então, ele mantinha a média acima de um gol por partida ao longo da carreira. O milésimo jogo foi disputado em Paramaribo, capital do Suriname, em 28 de janeiro de 1971, contra o Transvaal. O Santos venceu por 4 a 1, com um gol de Pelé, o de número 1.070.

O dinheiro arrecadado nesse jogo foi utilizado na construção de um viaduto num cruzamento da cidade, onde 104 pessoas haviam perdido a vida em colisões e atropelamentos ao longo do ano anterior. Quando inaugurada, a obra foi batizada com o nome de Pelé. Se ele não tivesse passado por lá, o viaduto provavelmente não teria sido construído e muitas outras vidas se perderiam.

Nos dias que se seguiram ao desaparecimento do grande ídolo, tornou-se lugar comum dizer que era Edson que estava se despedindo, pois Pelé é eterno. Não tenho como escapar dessa mesma conclusão. O homem se foi, mas o legado fica. Neste caso, como ele próprio enfatizou ao separar as duas *personas*, o homem era Edson e o legado é Pelé.

Obrigado, Edson, pelo incrível legado que você nos deixou.

O mundo chora Pelé

Como os jornais noticiaram a morte do Rei ao redor do mundo

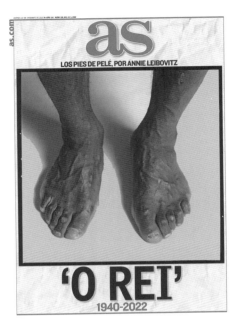

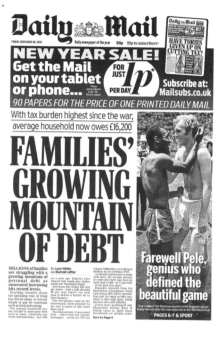

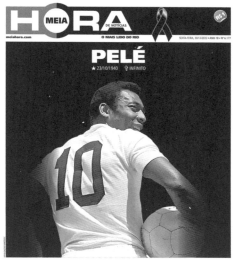

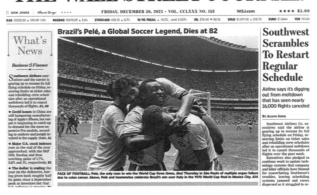